教师用书系列

文字的秋千

——大成长背景中的创新写作教育

荆北 著

北京出版集团公司
北京教育出版社

图书在版编目（CIP）数据

文字的秋千：大成长背景中的创新写作教育 / 荆北
著 . — 北京：北京教育出版社 ,2020.1
（教师用书系列）
ISBN 978-7-5704-0396-7

Ⅰ.①文… Ⅱ.①荆… Ⅲ.①汉语—写作—教育研究
Ⅳ.① H15

中国版本图书馆 CIP 数据核字 (2018) 第 146099 号

教师用书系列

文字的秋千——大成长背景中的创新写作教育

荆北　著

＊

北京出版集团公司
出版
北京教育出版社

（北京北三环中路 6 号）

邮政编码：100120

网址：www.bph.com.cn

北京出版集团公司总发行

全国各地书店经销

天津兴湘印务有限公司印刷

＊

710×1000　　16 开本　　8 印张　　100 千字

2020 年 1 月第 1 版　　2020 年 1 月第 1 次印刷

ISBN 978-7-5704-0396-7

定价：30.00 元

质量监督电话：（010）58572393 58572817 58572750

仅以此书，献给我所热爱过的母语教育

和我曾坚守过的职业人生

并深深地祝福她

自序

话题作文：给你一片鸟语花香的树林

——话题作文命题在近年中、高考语文考卷上的诞生背景、命题特征及应对

荆北

一

如果说中、高考语文命题什么最引人关注的话，那么除了客观命题作文大量"让位"，主观命题作文大量"主位"，最有影响的就是话题作文命题形式的出现了。"话题作文"这四个字的出现，对于中、高考语文命题来说，本质上是具有里程碑式的深远意义的——它带给广大语文教师对语文作文命题与作文教学的一系列重大思考：该如何让考生写出充满个性色彩的文章？在作文中该如何引导学生在符合考试规范的前提下进行自由思辨和感悟？该如何引导作文的开放教学与训练……因为产生了这些思考，所以在广大语文老师心目中，对正处于四方声讨、四面楚歌境地的语文教育来说，话题作文又客观上在特殊的时间和特殊的环境下扮演了导火线的角色。

在这场思考中，人们首先是对"话题作文"的内涵进行探讨式思考。话题作文究竟是一种什么样的作文命题形式呢？探讨这个问题，又首先要思考话题作文诞生的背景。这个背景其实就是中国中、高考语文作文命题的背景，进一步说，也是中国中、高考语文作文命题形式的背景。以往的中、高考作文命题

无非三大类：一是命题作文，二是半命题作文，三是无命题作文（材料作文）。自从恢复高考和中考以来，这三类作文命题形式一直是作文考试命题形式的主宰。正因为这种形式的局限性，所以每年中、高考作文的命题，看起来变化无穷，实际上都只是在内容上进行一些花样翻新。由于形式上的单一性，作文命题在刻板中顽固地延续了一届又一届，也被考生和老师厌倦了一年又一年。可以这样说，作文考试命题形式对内容的制约，极大地限制了语文教育中知识向运用能力的过渡与转化，限制了语文教育的课堂天地与社会的生活天地的接轨，也打击了老师进行语文教育创意的积极性，让一届届学生对语文与作文学习逐渐淡漠。话题作文就是在这种背景下产生的。它的诞生不是偶然的，而是事物发展的必然结果，是语文教育现状自身改善的需要，是社会对母语教育的需要，是人才选拔过程中方法最优化的需要，是教者、学者、考者、被考者情感的需要。

20 世纪末，正当社会对中国语文教育的声讨愈演愈烈的时候，话题作文在1999 年火热的七月亮相——这一年的高考作文首次以"假如记忆可以移植"为话题命题，让人立刻眼前一亮。紧接着，以话题为命题形式的作文命题一发而不可收，2000 年的春季高考作文是以"《世纪青年》征稿"为话题，2000 年夏季高考作文则是以"答案是丰富多彩的"为话题，2001 年和 2002 年的话题分别是"诚信""心灵的选择"，2003 年的夏季全国高考话题是"感情亲疏和对事物的认知"。一向命题前卫的上海 2003 年高考命题则以"杂"为话题，更具有开放性。高考作文的命题倾向直接导致了中考命题的扭转，中考语文考卷上的话题作文命题也如雨后春笋般出现。仅以 2001 年和 2002 年两年中考作文命题为例，各种别开生面的话题作文命题扑面而来，让人目不暇接——"爱""面对""美景""把握""收藏""换位""公平""幸福""形象""我能行""比""失去以后""交往""考试""水""信任""积累""掌声""改变""靠""我们这代人""享受""收获""实践""珍宝""母爱""追求""阅读""过程""激励""美德""体验""感受生活""第一次""明天""朋友""宽容""节日""回报""盼"……这其中，尤其以 2001 年广东深圳市的中考语文话题作文"楼"最为引人注目，甚至被称为中考话题作文的命题经典，而 2002 年湖北仙桃市的中考作文话题"墙"仅次之。

话题作文命题的广泛出现也许是对社会对中国语文教育的批评的一种回应吧！当然，对于自身发展确实恶疾多多的语文教育本身和一脸挑剔的社会舆论来讲，虽然它不能算是制冷剂，但把它比作一股带着清新气息的凉风还是比较合适的。因为人们多少看到了变化，看到了新面孔，所以不少人无论是圈内还是圈外，都开始对这个已经揭开了面纱却了解甚少的"新娘子"进行打探，人们试图对话题作文进行定义。近几年，人们从不同角度诠释了话题作文，花样也多，莫衷一是。但有一点共识是让人非常欣慰的：人们普遍认为，话题作文到目前为止是中、高考作文命题中一种最为宽泛、最为活泼最为开放的命题，也是学生最为欢迎、老师最为认可的一种命题形式，这种命题形式对现阶段的中国语文教育和考试来说，是一场及时雨——越来越多的中、高考话题作文命题的出现足以证明话题作文正被社会广泛地认可和接纳。在这样的情况下，甚至许多有远见的语文教育专家预言，从中国语文考试作文命题发展与目前社会对语文教育的社会效益的要求的双重角度来看，话题作文应具有非常好的发展势头，潜力是极大的。

二

相对于在立意、选材及表达等诸方面有着"专横"倾向的命题作文，相对于有给考生戴上"镣铐"倾向的半命题作文，相对于带有主题预设倾向的无命题作文（材料作文），我们不妨用这样一个形象的比喻给话题作文进行另一种诠释——如果说以往的命题形式给予学生的是树叶、树枝、树干的话，那么，话题作文给予学生的是一片充满鸟语花香、生机盎然的树林。

话题作文命题的本质是激活思维、标榜个性与鼓励创新。从这个本质出发，话题作文的命题形式的确立就显得较为关键。综合1999年以来的高考作文和越来越多的中考话题作文命题，话题作文命题大都是让考生在同一话题下，叙述各自不同的生活经历，表达各自不同的生活体验，抑或发表各自从不同角度和不同立场产生的观点与见解等，甚至可能虚构故事情节，在自己感受的基础上进行合理的想象与联想。不可忽略的是，话题作文给考试命题注入了清新的空气，即淡化文章体裁（纵观近些年的中、高考话题作文命题，在"写作要求"上，几乎都有同样的文字：除诗歌之外，文体不限，题目自拟。其实即使是对不易判分的诗歌体裁进行了限定，而由于中、高考事关学生的前途命运，历来评卷中阅卷教师们对少数用诗歌创作的考生也还是相对宽宏大量的。据有关部门透露，每年的高考中总会有一些考生涉足禁区，但每年都有因写诗歌获得高分甚至满分的——由此可见这种命题形式的宽容性）。这样做，考生在考试中可以运用自己擅长的表达方式或多种表达方式进行综合性写作活动，这无疑为考生最大限度地标榜个性、施展写作才华、致力创新提供了前所未有的条件。

话题作文命题在形式上对考生宽容的前提之下，内容上更是为考生提供了前所未有的方便：如选材范畴的扩大，主题确立的自由，等等。相对于其他命题形式，话题作文大大降低了考生审题的难度，甚至不少命题的审题并不严格。这是因为话题作文对于选材与主题的要求强调的只是相关性，即所写内容只要与话题有关就行，鼓励考生写自己想写的内容，说自己想说的话，抒自己想抒的情。所以，在相对有限的话题之下，考生有自己无限宽广的创意和联想的空间。这一点不同于其他命题形式，如命题作文通常就要求考生严谨审题，因为文章的取材范围与主题一般都包含在其中，考生如果考虑不周全就很容易造成审题失误，而跑题、偏题、离题都是让考生闻之心惊胆寒的考场重要失利因素。而这种情况，在以命题作文为主流的其他命题形式之下，早已经是屡见不鲜的事了。个中原因，主要是以往作文的命题形式落后与保守，同时又兼有某种残酷性，这种残酷性对于寒窗苦读的考生来说是不公平的，而对于选拔人才来说更是欠缺公正的。那么，话题作文的出现是对这种局面的一种扭转，对考生来说不仅是命题宽松，更是给心灵松绑。2002 年的高考话题"心灵的选择"，因为材料中带有主题预设的倾向，事后受到了社会各界的批评，这都是在形式之下带来的内容上的超越，是以前的命题形式所无法比拟的。

从目前试卷上的情况来看，话题作文主要有以下三类：一是提示类话题，二是材料类话题，三是直接类话题。提示类话题是出现频率最高的话题作文命题形式，其主要特征是在给定一个话题的基础上，再结合话题给出一段针对性很强的提示性语言，目的通常有如下几点：一是帮助考生审题，协助考生在审题时迅速抓住题要；二是为考生提供多样化的选材角度，使考生在短时间内迅速捕捉到最有价值的材料；三是为考生提供情感与语言的助推力，点燃学生的创作与表达的强烈欲望。因为有这些为考生着想的动机与愿望，所以话题作文的提示语往往是非常精致而出色的，这种提示类话题作文往往是学生最喜欢的一种命题形式。如2002年辽宁省的中考话题"美景"、北京宣武区的话题"爱"等都是这一类，这一类占中考话题命题的75%以上。材料类话题作文出现的频率也不低了，如2002年的高考作文命题"心灵的选择"就属于这一类，即在给出材料的基础上再给出话题。2002年的中考作文话题命题中，江苏省泰州市就提供了教育进展国际评估组织对21个国家的孩子的计算机能力、创造能力及在校做数学题的时间等调查材料，同年浙江省杭州市则提供了陶行知去为母亲修表的材料，而浙江省嘉兴市的中考话题则提供了春秋战国时子罕拒绝一个宋国人向他献宝的材料，等等。这种话题命题形式其实是材料作文命题的变种，但因为材料选择的开放性和话题的宽泛性，它比以往的材料作文的选材空间大得多。第三类话题作文的命题形式是直接类话题作文命题，这种命题形式既无提示语又无材料，而是直接给出话题。如2002年广东湛江市的中考话题"激励"，四川省内江市的中考话题"明天"，青海省的中考话题"宽容"，湖北随州市的中考话题"考试"，等等。这些命题，除了简单的写作要求外，再无其他内容。此种话题作文命题形式的出现，对考生来说虽然不如提示类话题与材料类话题方便，但是空间更大了。

任何事物的出现都带有两面性。正当人们对话题作文为考生带来了广泛的创意空间而心怀欣慰的时候，另一种情绪也开始在人们的心头潜滋暗长了——人们因话题作文命题范畴的过于宽泛而产生难以捕捉的担忧情结。人们也许认为，话题作文在给学生带来大空间的同时，也给命题者自身带来了更广阔的空间，这本来是好事，但命题范畴变宽了，意味着教师指导训练时的针对性要降低了，因为训练是要有指向性的。可以讲，这种担忧在中、高考的考前训练与指导中非常普遍，其实这是多余的。为什么这样说？话题作文的命题虽然并未形成定论，但倾向性却十分明显，这就是话题作文在命题原则上都没有逾越几大关注，即关注社会、关注时代、关注生活、关注成长、关注自我。有了这几个关注，我们再回头看话题作文的命题，不难看出，话题作文命题其实是写作手段上自由空间大了，离写作近了；选材范畴上自由空间大了，离熟悉的生活近了；文章立意上自主空间大了，离自我心灵近了。这样一来，我们就悟出了一个话题作文被广泛认可的道理：在一些不该限制的方面，话题作文给学生的自主空间越来越大；而在一些该明确的方面，话题作文让学生感受到作文离自己的生活、眼睛和心灵越来越近了，越来越清晰了。有了这种对话题作文的认识，我们对话题作文的担忧就会释然了：话题作文其实就是让学生写自己最熟悉、最想说、最能说的生活。

话题作文对于作文命题的超越，其实可以以四个放飞来诠释，即放飞心灵、放飞个性、放飞思维、放飞文采。放飞是一种解脱，解脱才可以创新，而创新是永远的话题。正是因为话题作文对以往传统作文命题的超越，使得踏上作文命题舞台的这种新型命题方式迅速受到考生、教师、命题人的广泛青睐，于是话题作文的命题方向正走向更为科学、更有创意的发展境界。"可以说，就选拔性考试的终极目的而言，话题作文更有利于优秀人才的选拔；从考试的导向功能讲，这种作文形式更有利于打破长期以来学生的作文千篇一律的局面，避免了学生思维的阻滞以及空话、假话充斥学生作文的弊端。可以预言，在以后的选拔性考试中，话题作文的出现频率还会更高，这种命题形式还会进一步走俏。"（《走近话题作文》，《语文报》初中版 334 期，作者杨东俊、肖泽宾）这段话说得很有见地。话题作文对于未来作文的命题发展、学生对语文学习情感的培养、学生对身边事物的关注、教师的语文课堂教学策略的设计与运用等，都将产生深远影响。无论是从作文命题与训练的规律看，还是从语文教育改革的本质看，话题作文这种命题形式都将在相当长一段时间内继续产生重大影响，其生命力是强大的。

三

认识的同时是接纳，而接纳的同时是应对。对于话题作文，现在大家一致的想法，就是"应对"二字了。对话题作文的冷静应对，大家还是显得过于浮躁，具体表现在系统研究不够、系统认识不足、系统对策缺乏、系统训练不够。这就导致对这样一种正在以迅猛之势挤占中、高考作文命题主阵地的命题形式，虽然谁都知道它的重要性，但谁也不能准确地说出对策。认识尚且如此，训练起来就更不用说了，所谓"知己知彼，百战不殆"，成千上万的中、高考学生与他们的老师都在无可避免地犯着同样的错误。因此，可以这样说，语文教学对话题作文的应对是混乱而缺乏有效策略的，甚至可以说大家都有点儿跟着感觉走的状态。更为奇怪的是，无论是现行的高中教材，还是以人教版为主的课改初中教材，在作文体系的设置上对话题作文的关注几乎仍是一片空白。教师在日常教学活动中，既不顺着教材的思路走，又无法系统地跟着选拔性考试的思路走，从而造成教材引导、课堂训练与考试倾向存在三足并立的局面。对于一个语文教师而言，这是让人揪心的事实；而对于成千上万的考生而言，这是一种悲剧。

究竟该如何引导学生应对话题作文？或者说在应对的时候最关键的是抓住什么？肯定地讲，这是一个最为现实的关于话题作文的话题。我想，任何新生事物都有它独特的规律性，因此我们只要静下心来，追根溯源，总能找到行之有效的应对办法。比方说话题作文之所以能在近几年出现非常好的被认可的局面，其重要原因之一是相对于传统命题而言，它具有一些鲜明的"开放"特征。那么何不就从应对话题作文的几项重大"开放"性因素入手，来进行有的放矢的应对性思考呢？关于话题作文的应对，我想从以下几个方面，着重谈一谈在应对话题作文"开放"性因素时应该如何处理好几个关键性矛盾，为正处于忙乱与困惑之中的教师和学生提供几点思考的内容。

其一，处理好话题作文中审题构思上的超越话题与尊重话题之间的矛盾。从"命题"到"话题"，虽是一字之差，但中间却包含着难以言尽的内涵。"命题"中一个"命"字，透露出传统作文命题"限制第一，作文第二，学生第三"的潜意识；而"话题"中一个"话"字，把"学生第一，作文第二，限制第三"的命题原则展示出来。话题作文因为有这样的与传统作文命题在命题着眼点上的本质不同，因此给考生自主选择的空间非常广阔：作为考生，你只要在这个话题之内进行构思就行了，你不必有太多顾虑，什么符合话题，什么又不符合话题，什么样的材料可以纳入这次作文中，什么样的材料不能纳入这次作文中，你不必考虑这么多，因为命题给你的信息已经非常明确：只要是与此有关的内容，你都可以拿来用。这就是话题作文在审题与构思上一个最突出之处——给出话题，实则鼓励学生超越话题。如"水"这个话题，能写的内容，真是让人目不暇接。同时在话题作文极大限度地鼓励学生超越话题的时候，考生也应该清醒地认识到，作为选拔性考试的一种重要手段，话题作文仍然是一种有限制的命题方式，也就是说，它虽然鼓励超越，但并不是无限度地让你跨越话题的范畴，脱离话题的圈子。这就给我们一个重要提醒：在进行话题作文审题与构思时，既要最大限度地去追求超越话题，又要从根本上理解话题的限制，尊重话题，不跨越话题的最低限度，不误解话题，不逃离话题，不转移话题，不架空话题，等等。从每年中、高考中发生重大失误的作文中不难看出，做到这一点并不容易。如2002年的话题"心灵的选择"，就有相当多的考生，要么抓不住"选择"，要么不涉及"心灵"，写出来的作文漫无边际，东扯西拉，牵强附会，甚至风马牛不相及，让人啼笑皆非。

其二，处理好话题作文中立意上的自由定位与切合实际之间的矛盾。作为选拔性考试的命题，无论话题作文的命题空间怎样开放，其对于文章中心立意上的衡量与评价，永远都不会放松，因为这是评价一个考生人生态度、情感态度和价值观的重要标准。话题作文相比于传统命题的主题预先设定，它的重要突破在于考生在中心立意上完全可以自己作主，也就是说你完全可以表现你心中所想表现的话题，即畅所欲言，言无不尽。这对于我国中、高考的人才选拔来说，确实是一种极为有利的改革，具有很大的实际性、时代性与科学性。拿广东深圳市2002年的作文话题"楼"来说，你可以借此表达一个少年对城市生活的无限热爱，也可以表达都市生活给人们生理与心理上造成的隔阂；你可以表达一个城市从无到有的变迁，也可以表达一个家庭从农村到城市的经历；等等。确实有太大的自主立意的空间，这也是所有话题作文的共同点，考生不会没有立意，只要不离题，你想怎么立意就怎立意。但是需要注意的是，话题作文在立意上赋予了考生自主权利，并不等于每个考生都能很好地把握和运用这种权利。作为中学生来说，由于思想处于不成熟阶段，因此考生在中心立意上出问题的频率是相当高的，立意过大、立意过狭、立意过偏激、立意过平庸，甚至立意消极、立意灰色等都屡见不鲜。众所周知，立意是文之本，立意不好，往往是"一着不慎，全盘皆失"。所以尤其要注意话题作文这种给出了立意自主的命题方式。那么究竟应该如何注意话题作文的立意呢？四个字：切合实际。进一步说，就是要选取一个符合当代中学生的身份，反映有责任感的现代中学生的心理素质，拥有未来社会建设者对人生、对社会应有的积极态度与情感的立意。

其三，处理好话题作文中选材、取材上的无限选择与有限着墨之间的矛盾。如果说立意是作文内涵的关键的话，那么选材则是作文关键中的关键。选不了材和选不了好材会直接导致写不下去或内容写得平平。但是"不会说也得说，没话说也得说"是传统命题的共同弱点。如电脑刚进入都市生活的时候，某地的中考作文命题是《我与电脑的故事》，结果许多虽然生在城里但从不与电脑打交道的学生和绝大部分从未见过电脑的农村学生，就只能凭空胡想，电脑都没见过，故事又从何而来？他们写作文时搔头挠耳的情形可想而知。《一件激动人心的往事》《记忆犹新的一件事》等都是这种命题，结果就是怂恿考生说假话，摘范文，套例文，编故事。而话题作文的命题原则之一是"让考生人人有话说"。凭着这个原则，话题作文的话题其实就是一个选材的范围或由头，再加上多数话题作文中同时附带提示语或针对性很强的与话题密切相关的材料，因此，考生在看到话题的时候，思路会很快被打开，选取材料的广阔空间会展现在考生的脑海中。但是选取材料上的无限创意的空间却同着笔时的文字局限性始终是一对难以调和的矛盾。认识到这一点，考生在进行话题作文的选材、取材时至少要有两个方面的心理准备：一方面，针对不同的话题要迅速确立最佳的选取材料的角度。如对于命题"我最喜爱的一种色彩"，"黄色——我最喜爱的肤色"就是非常好的选材角度，而"红色，我们的国色"更有新意。一般来说，话题作文的选材应该牢牢树立"取小不取大""取近不取远""取实不取虚""取新不取旧"等基本原则，做到小开口、大文章，学会角度上的大题小做，目的上的小题大做。另一方面，组材、用材时应注意不要有贪全、求全的完美心态，这不利于作文。虽然文章要追求完美，但文章的本质却是残缺的艺术，不可能尽善尽美。很多同学的作文通常重点不突出，写不完，写不出，往往是这样造成的。一般来说，取材、用材时应牢记"弱水三千，只取一瓢饮""满园春色我情独钟"等原则。如此，在进行话题作文的材料选取时方能取舍自如，写起作文来才能游刃有余。

荆北

2013 年 8 月 25 日

总序

以理想之名：寻找当代城市母语教育的最新身份

——我为什么要尝试当代城市语文教育体验式系列研究

荆北

10 余年前，我来到深圳当了一名语文教师，今年，我也恰好进入人生的不惑之年。

10 余年前的秋天，当我带着年幼的女儿，携带着简单的行李，坐在从武昌开往深圳的拥挤不堪的列车上时，我的心情和窗外陌生的夜色一样，尽管偶有星光或灯光从视线里滑过，但更多的则是茫然一片。一起让我感到茫然的，还有我对于职业的困惑，准确地讲，是我对未来将要面对的特区全新环境下的语文教育状态的一无所知。在那样的夜晚和那样的旅途中，我称自己这次南下之行为"麻雀东南飞"。

也要感谢这种茫然，它让我寻找新教育之梦的脚步在尚没有真正迈入特区这块异样的土地之前，就变得谨慎起来；也要感谢这种自嘲，它令我寻找新教育之梦的目光在投向特区这块异样的教育田园之前，就保持了谦卑。茫然与自嘲，谨慎与谦卑，在我来深圳 10 余年的教育职业生活中，既构成了我最基本的职业精神状态，也奠定了我对待职业所秉持的基本行为准则。有这两个前提作为保证，才使我在 10 余年间面对新环境下的职业生活时，能自始至终保持冷静的心态和平和的思考，才能使我在倾心地了解特区教育所发生的诸事面前，保持客观的判断，并及时调整自己的行为，然后一如既往地编织自己的教育理想。

如今，经历 10 余年的特区教育行动和思考，虽然茫然与自嘲的感觉犹在，但谨慎与谦卑的心态难丢，甚至可以说更为浓烈。但是这 10 余年对我的职业成长而言，却如同让我经历一场温火下的涅槃。在深圳这块土地上，每天都在孕育着新的教育思想，每天都在发生着新的教育故事，每天都在诞生着新的教育成果，每天都在涌现着新的教育新秀，还有每天你都可能接触新的教育专家的面庞，等等。这些都是我身边的温火，燃烧从未停息，洗礼从不间断。感谢深圳特区，感谢这里独特的教育环境赐予我历练，这是我最珍贵的财富。

深圳 10 余年，我的教育理想在历练与洗礼中日益清晰明朗起来，我的教育行走在蹒跚与踯躅中日益坚定起来，那就是：漫步特区教育田园，寻找当代中国语文教育的城市新身份、新角色、新使命。因此，我将自己 10 余年的深圳教育行动与思考做了这样的命名：

我在特区教语文·当代城市语文教育体验式系列研究

请允许我对这个命名中的几个关键词稍做一点儿诠注。

"特区"。深圳这个地方，最初定位是"中国改革开放的经济特区"，但是显然，正是因为这个"特"字，使得深圳这块土地对于中国社会的发展的地位、价值与作用其实已经远远超越了其最初"经济改革与发展领头雁"的定位。10 余年前，当深圳南山被确立为"中国教育课程改革首批实验区"之一的时候，就已经说明了一切，而当深圳南山被评为"广东省第一个教育强区"的时候，深圳特区在教育改革和发展中所起到的作用，又成为一个有力的证明。从这个意义上讲，立足特区进行教育体验式研究，深意无穷，空间无限。

"当代"。反观中国社会的发展进程，每一段"当代"历史阶段，都无不具有历史发展过程中的不可替代性，而社会正是在这样一个又一个"当代"的衔接下，向前做着历史的延伸。但是也可以看到这样的一个不可置疑的事实，那就是今天我们所处的"当代"，却是中国社会历史发展过程中最具有特别意义，最不可复制的特别时期。大而言之，全球化、信息时代的来临；小而言之，中国自身前所未有的开放、发展与日益走向强国复兴之路。因此，在这样的"当代"思考教育的发展，意义、责任与使命都非历史上任何"当代"可比。

"城市"。中国三十年的改革开放，是以城市为"窗口"的，"城市化"是社会改革发展进程中的一个显著标志，而在"城市化"的社会剧烈变革中，教育担负的角色、肩负的压力以及承受的责任与使命是摆在教育者面前的一个不可回避的大课题。研究中国教育的"城市化"，寻找中国教育的"城市角色"，既是着眼勇敢而清醒地面对中国社会发展的现实，同时也是以此为切入点，正视中国教育发展的当代特殊性、特别性和特定性。深圳是中国教育"城市化"课题中一个特殊的棋子，"深圳"这颗棋子，分量不言而喻。

"教育"。说"语文教育"，而不说"语文教学"，是因为无论从中国教育的历史责任与使命看，还是从深圳特区区域的教育责任与使命看，无论从中国语文自身的学科特性看，还是从当代和未来孩子的成长立才的需要看，"语文"的内涵与外延越来越难以界定，或者是不是就可以干脆地这样说一句：语文的责任与使命越来越难以界定于"学科"之内了。讲台范围以内的语文，课堂一室之内的语文，教材一本书之内的语文，已经不再能胜任"母语"的责任与使命，分数之下、试卷之内和作业本之上的语文已经不能诠释"母语"的存在意义。

"体验"。大约10余年前，我还未在深圳教书的时候，偶尔在一本朋友带回来的《特区教育》上读到一篇文章——《在研究状态下工作，教师专业发展的基本内核》，这篇文章的作者是时任深圳中学校长的唐海海先生。几乎是在同一时间段，我从一本语文杂志上读到中央教科所朱小蔓教授对于"提倡教师开展叙事式"教育研究的主张。现在想来，这一文一论对我的职业成长具有着至关重要的引领意义。前者给我的启示是"做什么"，后者给我的启示是"怎样做"。我信奉这两个启示，尽管这样的职业方式也颇受争议，甚至也有人对"叙事式研究"持"穿着新鞋走老路"的异议，但是我认为，作为一名普普通通的一线老师，这样的研究反映的至少是一种最真实的状态。

对于"叙事式研究"，我认为其前提是行动，也就是"体验"，而内核，则是在体验基础上形成的思考。这两样加在一起，我认为至少有两个好处：一是能促进教师自身的学科教育在"尝试＋总结＋否定＋再尝试"中得到调整与成熟；二是能通过不断的体验来印证某些教育理论的合适与不合适，从而为更高一级的专家们的研究提供最真实的情报。我想，教育本身是一个金字塔结构，在这个塔形的结构世界里，每个人都做好自己的事，这才最重要。一线老师的行动与思考处在这个塔底，土坯也好，砖石也罢，重要的是，它是这个教育之塔的基础所在，没有这个基础的真实，整个教育之塔就难提真实，也更难说稳定。

这就是我信奉这种基于我所处的先天条件而采取的"自下而上"而非我力所不及的"自上而下"研究方式的初衷所在，也是动力所在。

"系列"。以往一线老师的研究之所以难成正果，或者说被诟病，有很多的原因：一是受视野所限制而导致"技术化"痕迹太盛，所以被评价为"穿着新鞋走老路"，其批评也是事实；二是受功利化色彩诱导而产生的"片段式"味道较浓，所以被批评为"云想衣裳花想容"，也是事实。处于一线的老师们，时间紧，任务重，成就感少，偶尔找到一个突破点进行一些尝试，然后未加系统论证就拿出来，这些零碎的研究由于没有时间和系统上的保证，难以形成有深度和有规模的成绩，因此不仅拿不到话语权，产生的社会影响自然也不大。当然，他们更谈不上为更高一级的结论性研究提供有价值的情报了。

这也是我之所以花 10 余年时间，立足深圳特区的大教育环境，立足语文教育这个切入点，去进行系列化体验式研究的出发点。

以上说的是"我在特区教语文·当代城市语文教育体验式系列研究"这个选题的命名原因，接下来说说这个选题的具体思路、操作和进程情况。

"我在特区教语文·当代城市语文教育体验式系列研究"简称为"城市语文研究"，其研究核心观念为"素养语文教育是当代城市语文教育的首要任务"（简称"素养语文"），在这个核心观念下，以"当代城市语文课堂教学"为主阵地，进而展开"新历史时期下的母语教育方向""大都市环境中的素养语文实践""新课堂理念下的课堂文化培植""大数据时代中的课堂技术改造""新媒体条件下的语文自主学习""大成长背景中的创新写作教育"等六大领域的体验式研究。在研究过程中，这六大领域既相互独立，又相互穿插，因此呈现成果可能互有包含。下面是具体的研究内容：

1.《母语的使命——新历史时期下的母语教育方向》：针对课程改革前后语文教育现状进行思考，从一线教师的视角，对语文教育教学观念、课堂教学行为、教材运用现状、考试因素等进行思考，向高一级研究者和一线同行提供综合信息。

2.《素养与语文——大都市环境中的素养语文实践》：针对当代城市孩子成长背景、城市环境资源的独有性以及城市教育的各种优越条件进行一系列以"素养语文实验"为宗旨的丰富多彩的课堂内外的教育实践活动，呈现多样化的语文教育教学形式，提供当代城市语文教育教学的新模式、新思路和新观念。

3.《课堂的境界——新课堂理念下的课堂文化培植》：结合新的课程改革理念，围绕素养教育理念核心，针对当代学生的成长特点，融入信息化时代的教育背景，开展语文课堂教学技术与艺术的尝试性研究。

4.《信息化课堂——大数据时代中的课堂技术改造》：以真实的网络班教学实验为素材，客观地展示现代技术综合运用于现代语文课堂教学的得失。

5.《网络与语文——新媒体每件下的语文自主学习》：以自创的教育网站对学生写作自主能力培养经历为感受，总结专题网络对语文教育的得失

6.《文字的秋千——大成长背景中的创新写作教育》：结合当代都市孩子们的成长特点、生活背景等进行专门的文字表达引导的方式方法研究，为当代母语写作教育提供一些榜样性的范式。

以上是我对"我在特区教语文·当代城市语文教育体验式系列研究"这个自我命题的相关内容的一些粗线条的勾勒。来深圳特区成为一名语文教师的10余年，我庆幸自己在喧哗中还能时常提醒自己保持冷静，虽然间或也因这样或那样的原因，暂时分心，甚至有时出现情绪上的起伏或精神上的迷茫，也屡次想放弃接着往下做的念头，行为的付出程度也是厚薄不均，但是总的来说，我还是断断续续坚持了10余年，才有了手头上的所谓的"成果"。

要小结这10余年为何大致还能坚持往前走的原因的话，可能有三个：一是学生，是学生的存在总能激励着我往前做，这也是一线老师进行教育研究的一

点儿优势。学生是鲜活的，而且每天都在你的眼前晃动，这种晃动就是一种提醒，有时你不想做，但是良心却不允许你停下，因为你总会想到，每个学生在你面前过的每一天、上过的每一节课、接受过的每一次教育行为，都将不能再重复；二是环境，是大环境的变化不断刺激我往前做。深圳特区的大环境是这样，虽然名称上的"特区"已不常被提及，但是深圳作为特区的天性犹在，这个天性就是每天都在发展，每天都在变化，每天都在创新，是天性，更是城市的特质。南山教育的区域环境更是特区环境的一个浓缩。这样的环境下，作为普普通通的个人，是主动拼搏，还是被动前行，谁也说不清楚。

第三个原因，就是个人了，这里个人的内涵，说高一点儿，是"责任感和使命感"，其实说到底，是一种大时代、大环境和大气候面前的个人卑微感。这种卑微感再往下说一点儿，就是在太多优秀人面前的不自信感。长江后浪推前浪，今天这个时代，人才一辈一辈，新秀一拨一拨，一个到中年的人，不努力去做的话，被淘汰的危险每时每刻都包围着你：时代在飞速发展着，个人的安全感却是越来越弱。而排解焦虑的最行之有效的办法，就是行动，再加上一点儿创新。汤之盘铭曰："苟日新，日日新，又日新。"《礼记·大学》里的这句话意思是："商汤王刻在洗澡盆上的箴言说：如果能够一天新，就应保持天天新，新了还要更新。"在深圳当教师，不也是要时时"洗澡"？

我还有一点儿想表达，就是这 10 余年来，为了这项"我在特区教语文·当代城市语文教育体验式系列研究"，我时有感觉"自作自受"，身体的状况越来越差是事实，而精神上的焦虑也是常态。我鼓励自己的时候喜欢拿荀子的"赤子之心"来安慰自己一下。"赤子之心"是人教版语文教材上的话，是傅雷先生当初用来勉励儿子的，意思是要想做自己想做的事，就得学会承受孤单，要想既不孤单，又想做一些自己想做的事是不可能的，"赤子孤独了，才会创造一个世界"。课堂上，我很喜欢引导学生对这句话反复玩味，想让学生们从中领会一点点生活哲学。但是学生们可能不知道，老师在引导他们品味个中哲学时，何尝不是在为自己寻找面对生活与职业困境的人生哲学！

当然，我自己尤为喜欢咀嚼"赤子之心"的内涵，也多多少少同我对语文教师这个职业天生的喜爱与痴迷有关，也多多少少同我对深圳这个干干净净的年轻的移民城市有关，我爱这个城市，它充满活力，充满包容和充满勇往朝前的战斗力。我时常想起 10 年前我对自己南下深圳的自嘲——"麻雀东南飞"，虽然 10 多年了，我这个"麻雀"仍旧是"麻雀"本色，但是我知道在这块没有冬季的温暖的海滨之地，我生命的鸟巢是永远安在这里了，而且不再有想挪动的念头，生活已定居于此，生命何不托付于斯？

所以我想，我总得在人到中年之前力所能及地为这座城市做点儿什么。做什么？我一天天地对我的学生说，要有"城市主人公意识"，甚至带着学生踏遍深圳的角角落落，开展所谓的"移民城市文化追踪"语文实践活动，目的是干什么？不就是让学生爱这座城市？那么我自己怎样做？我想我只有把"我在特区教语文·当代城市语文教育体验式系列研究"这个题目继续坚持做下去，做完整。通过"当代城市语文教育"这个小小的窗口，让更多的人在了解深圳特区以经济建设为名片的辉煌的过去的时候，也从一眼罅缝中再看看深圳这里的其他的东西。比方说，看看这里的教育，看看这里的语文教育在做些什么。

2010 年对于中国来说是一个极不平凡的年份，这一年里，我和我的学生都感受很多。而 2010 年对于中国教育来说，是课程改革的第 10 个年头，对于南山教育来说，是作为中国首批课程改革的试验区的第 10 个年头。我算是一个幸运儿，我的"我在特区教语文·当代城市语文教育体验式系列研究"也刚好经历了 10 个年头。如果 2010 年还有什么值得纪念的话，那就是：今年还刚好是新一轮的课程改革序幕又隆重拉开之时。我衷心地祝愿中国母语教育与当代城市母语教育迎来崭新的发展变革，也祝福深圳这座城市和深圳的教育事业不断发展，永立潮头。

是为序。

荆　北

2013 年秋季于后海蔚蓝海岸小区

第一编：基础谋划篇

传统作文的审题，是解决"写什么最准"的问题。话题作文的审题，是解决"写什么最好"的问题。因此，话题作文审题的门槛看起来降低了，但是审题的层次与境界却提升了。

——策略小解：巧叩柴扉门自开

尽管话题作文强调"立意自主"，但也要注意把握分寸。这个分寸，就是不要逾越话题的范畴，不要逾越大纲和考纲的宗旨，不要逾越个人驾驭文章的实际能力与水平。一句话：既要追求立意的高尚，又要注重立意的合理。

——策略小解：金玉无价少年心

第二编：策略讲究篇

034 | 抓住最佳的动笔时机

——针对话题作文起笔时机控制艺术谈

> 磨刀不误砍柴功。成熟的构思，能给行文带来极大便捷。但是考场作文，时间有限，我们不能总是等"刀"磨好了，再去"砍柴"。所以，在构思处于混沌状态下不妨动笔，这也是"犹抱琵琶半遮面"的构思艺术。
>
> ——策略小解：犹抱琵琶半遮面

038 | 题目，文章的"第一眼"

——针对话题作文拟题策略艺术谈

> 题目，是文章的"第一眼"。"题好一半文"，本意是：有时好题目的价值和文章的总体价值，几乎是相等的。可是如果"题不好"，那么"满园春色"的灿烂，就有可能耽误于这"一枝红杏"了。
>
> ——策略小解：粉杏一枝艳墙头

043 | 给阅读者送去门楣清风

——针对话题作文开头策略艺术谈（上）

> 开头一字值万金。文章的开头，就是要给读者送去最美的第一印象，就是要让你的文章在一开始就能牢牢地抓住读者。"玉碗盛来琥珀光"——你打算用什么样的方式，给读者送去开眼的"琥珀之光"呢？
>
> ——策略小解：玉碗盛来琥珀光

目录

然就会有"一花独放难为春"的遗憾。所以选取材料要注重详略的安排。详略安排到位了，同样的材料对中心表现的力度，也许就大不一样。

——策略小解：一花独放难为春

064 | 把最有用的纳入文章里

——针对话题作文组材需把握"有用方可"的原则谈（上）

组材，就是把构思的成果具体化。组材的实质是去粗存精，是"除却浮云始见山"的过程，即：把中心最需要的明朗化，把已明朗的材料细致化，把细致化的材料完美化。这是组材时需要领会的三个层次。

——策略小解：除却浮云始见山

068 | 把最有用的纳入文章里

——针对话题作文组材需把握"有用方可"的原则谈（下）

组材，就是把构思的成果具体化。组材的实质是去粗存精，是"除却浮云始见山"的过程，即：把中心最需要的明朗化，把已明朗的材料细致化，把细致化的材料完美化。这是组材时需要领会的三个层次。

——策略小解：除却浮云始见山

第三编：技术探寻篇

072 | 把玩：最大化开发材料的价值

——针对话题作文的最大化开发材料利用价值艺术谈

假使是同样的材料，在有的人笔下，普通的材料能成为极品材料，反之在有的人笔下，绝佳的内容也会变得枯燥寡淡，表现力平平。所以，光会寻找材料还不行，关键还得善于最大限度地开发和利用材料——实现材料价值最大化。

——策略小解：柳暗花明又一村

——针对话题作文面对优质材料挤撞时的应对策略艺术谈

其实，作文组材过程中，去粗存精容易，而去精存精则是真难题。"一枝独秀""骄龙戏珠""彩云烘月""锦上添花"等，是我们面对多材料挤撞时的四条防撞策略，这些策略对我们作文取材很管用。

——策略小解：弱水三千饮一瓢

——针对话题作文收篇策略艺术谈（上）

"余音绕梁，三日不绝"，其本意是说，某种声音对听者的感染，使听者获得最美的"最后的感觉"。作文的结尾，也是留给读者的"最后的感觉"。只有为读者带来美好感受的结尾，才能算得上是成功的结尾。

——策略小解：余音袅袅三日梁

——针对话题作文收篇策略艺术谈（下）

"余音绕梁，三日不绝"，其本意是说，某种声音对听者的感染，使听者获得最美的"最后的感觉"。作文的结尾，也是留给读者的"最后的感觉"。只有为读者带来美好感受的结尾，才能算得上是成功的结尾。

——策略小解：余音袅袅三日梁

088 | 解开作文"写真实"的锁链

——针对话题作文取材中的虚实辩证关系谈

> 　　写真实，是学生作文的基本要求。但是由于理解的偏差，它很大程度地束缚了我们对作文素材的选取。其实写真实，既包括真实素材写作，也包括真情实感的写作，更包括经过艺术加工或创造后，带给人生活真实感的写作。
>
> 　　　　　　　　　　——策略小解：真作假时假亦真

第一编：基础谋划篇

九分心细　一分灵犀

——针对话题作文中轻视审题的现象谈

> 传统作文的审题,是解决"写什么最准"的问题。话题作文的审题,是解决"写什么最好"的问题。因此,话题作文审题的门槛看起来降低了,但是审题的层次与境界却提升了。
>
> ——策略小解:巧叩柴扉门自开

"一夫当关,万夫莫开"。在作文考试中,第一关就是作文的审题。审题到位,下起笔来一路如行云流水,直入"无人""忘我"之境。审题不到位,下笔之后,便会一路磕磕绊绊,思路不顺,写的过程中心里也不会舒服。

话题作文是出现在考场上的新型作文形式,这种命题形式的特点之一,就是降低了审题的门槛,即话题作文给学生可供选择的空间变大了,你只要是在话题之内进行写作就行了。因此,在原来命题作文、半命题作文、无命题作文时,学生最担心的跑题、偏题、离题等棘手问题,在以话题为目标写作时,这种担心就不会多了。

但是话题作文仍然要重视审题,而且更需要重视审题。传统的命题作文中审题主要解决的是"写什么最准"的问题,而现在解决的则是"写什么最好"的问题,所以说审题的门槛虽然降低了,但是难度却并没有降低,从对作文质量要求的角度说,反而是提高了,因为审题的层次高了,审题的境界更优化了,所以话题作文更需重视作文的审题。

2003 年的高考语文全国卷作文命题是在《智子疑邻》这个人尽皆知的故事上给出一个"感情亲疏和对事物的认识"的话题,要你围绕这个话题作文,考试下来以后,很多同学都认为审题容易作文难,说理解起来容易,但就是写起来却没有话说。其实这样说话的同学大都是没有过好审题关:他们一定能看懂故事，却不一定能审好题，因为这是两码事，对于这道题，你看懂故事只是最浅显的一步，下一步是理解此话题说的是什么意思，在这一步有相当一部分同学就半懂不懂了，还有第三步，就是如何把你对故事的理解同你对话题的理解两者紧紧联系起来思考，然后再想清楚自己在这个话题中谈点什么最好。而到这一步时，稀里糊涂的人就多了起来，因此，才有人说审题容易作文难，实际上是没有过好审题关，充其量只是把"读懂故事"误以为"审明话题"了。这样的话，往下作文是勉强的，要想写出一篇出彩的作文，是不大可能的。

以上说的实际上是提醒大家对话题作文的审题，要引起足够重视，不要以为话题作文就是审题变简单了，审题时，只要马马虎虎心里有数就行，这样不行。那么话题作文究竟应该如何审题呢？成功的考场状元们总结出一条法宝，即"审题三重境界"。

"准"——第一重审题境界。准即准确，也就是能准确理解命题所给你的字面内外的全部信息。在考场作文的特定环境下，做到这一点关键不是你思维多么好，重要的是你的心理是不是很冷静。看到题目以后，要以冷静的心态，迅速地理解题目给你的各种信息，读懂这些信息，下面作文就有了基础，这是审题第一重境界。还是拿2003年的高考语文全国卷作文命题中"感情亲疏和对事物的认识"这个话题来讲，其中一个"准"，就是要准确理解话题意图是要你谈"关系"，这一点你没看出来，写的时候只在一个方面大做文章。再比如2002年江苏盐城中考作文的话题"靠"，"靠"的字面意思和此话题中可能包含的信息都有什么，你就得先想清楚了。当然，中高考作文话题中的文字内涵都不会太深奥，有些只需轻轻跳一跳，就能摘下桃子，所以只要弄准就可以，不要钻牛角尖。

"精"——第二重审题境界。精即精细。话题作文的形式通常有三类：材料类话题、提示类话题、直接话题。当然，材料与提示相结合的情况也很多。从话题作文诞生背景看：一是为了给考生更大的空间，减少限制；二是为了方便考生审题，减少阻碍。所以各种话题命题都有一个共同点，就是想方设法为考生提供点什么。因此，在话题作文的命题中，只要稍微留意，就会发现在命题中，其实是"玄机四伏"的，对于这些"玄机"，你只要细心，就会获益匪浅，对话题的理解、构思、立意和取材，都是关键之关键。所以审题时要切莫忽视对话题之外的内容（包括作文要求）的关注，要咀嚼捆绑在这个话题周围的所有文字，不放过任何蛛丝马迹。要时刻想到打开话题大门的金钥匙可能就是其中的哪一个字或哪一句话。话题内外无闲言。

"巧"——第三重审题境界。巧即巧妙，审题的最终目标是什么？是构思和取材。再直接点回答，审题的最终目标是写出好文章。而好文章就要超越别人。那如何去超越？在审题时要能从题目中获取别人不能想到的信息或者超越别人的信息。所以审题在"准"与"精"这两重境界上，还需再上一重境界——"巧审"。比如2003年的一道中考作文题的话题是"我最喜欢的一种色彩"，这个话题谁都能理解，谁都能在审题时迅速为自己确立一种"最喜欢的色彩"，但是你有没有想过，也许你想的别人也是这么想的呢？所以还是要巧，要有"别人想不到的色彩是什么"的"巧意识"。有些考生就能马上想出一些别人想不到的话题。如"绿——生命的色彩"（环保主题），又如"红色，我们的国色"（爱国主题），又如"黑色，我心中抹不掉的疼"（怀念主题），等等。还有一位同学想出了更为出类拔萃的话题："黄色，我的骄傲"（民族主题）。此话题真是让人叹为观止。巧也是新，也是创新。话题作文的宗旨就是培养创新精神，鼓励考生写出个性色彩浓厚的文章来。要想创新，关键的第一步就是审题时要有创新意识。

"不怕题老虎，只怕小马虎"。审题就是依靠自己的力量，打开话题作文的大门。但是它和做任何事情一样，我们不能一味蛮干。所以话题作文审题也不要蛮想，只要在考场中保持几分冷静和细心，始终紧扣话题，灵犀所至，这扇只属于你一个人的金色大门一定会"巧叩即开"。

让文章有一颗健康的心脏

——针对话题作文自主立意的命题特点谈

> 尽管话题作文强调"立意自主"，但也要注意把握分寸。这个分寸，就是不要逾越话题的范畴，不要逾越大纲和考纲的宗旨，不要逾越个人驾驭文章的实际能力与水平。一句话：既要追求立意的高尚，又要注重立意的合理。
>
> ——策略小解：金玉无价少年心

立意即主题，俗称中心思想，是文章的心脏。这颗心脏的跳动质量与文章总体质量有着直接的关系。话题作文虽然在多数情况下"立意自主"，但是在文章主题的确立上，却是不能乱来一气的，因为"自主"只是把原来由别人给的主题或由别人暗示的主题演变为自主确立罢了，只是确立方式发生了重大转变，却对文章主题的考察没有丝毫放松。

众所周知，在中高考作文中，对于文章主题的考察一直是摆在第一位的。就如一个人的外表再怎么光鲜而没有"内在精神"与"内在气质"，他也是徒有其表。如果一篇文章缺乏一个有点份量的主题，即使它有再好的内容，再好的文笔，再棒的功底，这篇文章还是软弱无力的。对这一点，可以说古今中外看法一致。拿中国以往的中、高考话题命题来说，"立意压倒一切"的命题与评价标准就是最现实的体现。即使是从 1999 年开始，占了中高考作文主要地位的话题作文，虽然时有"立意自定"的提示，但实际上每年的主题都已暗示其中了。如以"诚信"为话题的主题实际是"诚信不可抛"，难道你会说"诚信可以抛"吗？再如"心灵的选择"，此主题实际上预设为"心灵选择助人"，谁如果要写成"心灵选择可以拒绝助人"，那等于给自己写的作文判死刑。2003 年的高考语文全国卷作文话题"感情亲疏和对事物的认识",尽管也提示了多种立意途径,而且强调"立意自定",但此文的立意倾向性也不是没有,那就是"不要以感情亲疏论长短"——稍微细心的话,精明的考生会捕捉到的。

但是,在主题暗示、主题预设或主题给定的前提下,是不是考生就丧失了对主题的"自主权"了呢?不是。这些情况下的"主题",其实只不过是一个范畴而已,是"大主题",每一个"大主题"之内,都是一个五彩缤纷、包罗万象的大千世界。拿2003年的高考语文全国卷作文的话题"感情亲疏和对事物的认识"来说,在"不要以感情亲疏论长短"这个主题下,你可以谈"以感情亲疏论长短不利于工作和学习";可以谈"以感情亲疏论长短不是一个客观标准";可以谈"以感情亲疏论长短是一种短视之举";可以谈"以感情亲疏论长短害人害己";可以谈"以感情亲疏论长短会滋生腐败";可以谈"以感情亲疏论长短是社会风气日益不良的根源";可以谈"从以感情亲疏论长短看中西方处理具体问题的差异";也可以谈"预防腐败与以感情亲疏论长短的微妙因果关系";还可以谈"以感情亲疏论长短与中国民主法治建设";等等。这就说明,在"大主题"方向正确的前提下,话题作文"主题自立"的空间确实是非常大的。

顺着这个话题我们往下说,话题作文究竟怎样围绕话题迅速为自己找到一个好的主题呢?我觉得这其中有三个原则必须要把握住:一是不要逾越话题的范畴;二是不要逾越大纲和考纲对中学生作文立意的宗旨;三是不要逾越个人驾驭文章的实际能力与水平。第一个原则就不再讨论了。第二个原则是我们要认真讨论的,因为这直接关系到我们作文立意的水准。大纲和考纲对中学作文立意的宗旨主要可以归纳为三句话:能体现中学生正确的世界观、人生观和价值观;能反映中学生积极、健康和乐观的精神风貌;从中透视出中学生对国家、社会、家庭及个人良好的责任感。由此可以看出,在这样的宗旨下,中学生作文尤其是考场作文中,是"有说有不能说""欲为而不可随欲为"的。

话题作文的立意要符合"健康、积极、高尚"的要求。在这六个字之下,你才可以"短笛无腔信口吹"。一般来说,除了紧跟社会形势的一些热门话题立意之外,还有一些广泛的立意,都可以在话题作文立意时,根据需要纳入文中。如:

友情、亲情、乡情、人情；理解、宽容、沟通、忍耐；
关怀、关心、关注、关爱；理想、幻想、梦想、追求；
成功、收获、进步、超越；挫折、失败、错误、困难；
痛苦、孤独、彷徨、委曲；喜悦、自豪、欣慰、欢乐；
竞争、合作、挑战、面对；把握、换位、改变、弥补；
感动、感激、感念、感悟；激励、鼓舞、支持、奉献；
秘密、秘诀、隐私、夙愿。……

作为心脏的文章立意，它自身首先应该是"健康""积极"和"高尚"的。只有这样，才能让你的取材和文笔充满少年正气。从这个意义上讲，中学生作文立意应该多往"抒写心灵、感悟成长"和"品评真善美，抨击假丑恶"等方面去考虑，要知道"金玉难买少年心"，评卷老师也好，指导老师也好，他们大多厌恶虚假做作和成人式的圆滑与模棱两可，反而总是被作文中的一些五彩缤纷的、诚实的立意所打动。原因在哪里？主要是因为中学生作文中总是流淌着真实，喷射着热情，奔涌着正直和诚恳，所以只要是健康和积极的立意，中学生作文立意的空间是无穷大的，而且也是吸引读者的，极易感动读者，从而引起心灵的共振。

最后在立意上还有一点提醒，就是前面提到的"不要逾越个人驾驭文章的实际能力与水平"这个原则，也就是立意要针对自己的实际，不要贪大贪高。虽然话题作文的立意空间极大，但是"骑龙""驾凤"还是"坐驼骆"，还要结合自己的实际。要不然，从从"龙背"上掉下来，从"凤翅"上被扔下去，就让人啼笑皆非了。一句话，话题作文立意要高尚又要合理。

从淡化体裁到超越体裁

——针对话题作文要求体裁自主后的形式把握谈

> 体裁,即文章之衣。话题作文把"体裁自主"的权力交给了学生。"体裁自主"的本质是淡化体裁,而淡化体裁决不是忽略体裁和消灭体裁。因此,体裁自主的实质是鼓励我们灵活地运用体裁,选取自己最擅长或写作最需要的写作形式。
>
> ——策略小解:好笔更需好行头

体裁乃文章之衣,再好的立意、构思、内容、语言,只有通过一定的形式才能体现出来。衣服对人而言,有"什么样的人穿什么样的衣"的说法,对文章而言,这句话也是非常适用的,"好笔更需好行头",在作文中,什么样的文章用什么样的体裁,这也是一个最简单不过的道理。

但是话题作文的出现,似乎将文章"体裁"的地位从大家心目中逐步"抹杀",似乎大家心里在想,口中在说,什么体裁不体裁的,现在是话题作文的时代了,现在都讲"不限体裁"了,说这个体裁那个体裁的,还有什么用!这种看法目前不论是在老师还是在学生中,都是很普遍的,大家认为命题要求中明明写着"不限体裁",其实就是"不讲体裁",而观念上的"淡化体裁意识"就是先由对体裁的不重视到逐步走向彻底丢掉文章体裁这个包袱。这都是错误的认识,是肤浅地理解作文考试命题改革的意图,肤浅地理解作文形式的结果。这种错误的看法很危险,至少从近几年的中高考作文中有相当多的同学在这上面遭受的惨痛教训可以说明这一点。

比如 2003 年的高考评卷工作结束以后,不少评卷教师就直言不讳地表达了这种忧虑。2003 年中考结束以后,许多省市的教师们也不同程度地呼吁不要忽视甚至漠视学生对基本体裁的写作训练。目前，这种呼声是相当客观的。

话题作文命题中的"体裁自定"或类似的要求，是一种考试观念上的转变，也是一种考试技术上的进步，更是一种对考生心理的解放。本意是以基本体裁为本，考生在考试时，完全可以不受表达的限制，可以自由确定文章体裁和作文的形式。文章体裁由考生自己来作主，其实就是在告诉学生，今后在写话题作文时，你想写什么文体就可以写成什么样的文体，不再受一定要写成"记叙文"，或者必须写成"议论文"，再或者一定要写成"说明文"等限制了。这样的话，当学生在看到话题时，第一个要面对的关口可能就不是审题了，而是联系话题大略确定适合的体裁了，要不然，往下都是白费工夫。

说到底，在话题作文中，哪些体裁可以供学生作文时"自主"呢？根据大纲和教材的要求，通常是以记叙文、议论文、说明文三大体裁为基本体裁，话题作文的"体裁自主"中的"自主"通常是指在这三类基础体裁中"自主"一种。而结合目前课程改革的对语文学习综合素养培养的要求和学生日常作文训练的实际，除了这三种基础体裁以外，学生还可以写"随笔体""日记体""书信体""故事体""小说体""剧本体""寓言体""童话体""读后感体""采访体""对话体"等。这些体裁都可以纳入"自主"的范畴。

另外，还有一些"另类体裁"也可以在适当的情况下运用到话题作文写作中，如"诗歌"（在"诗歌除外"的情况下，每年都有同学坚持这种有争议的体裁，可喜的是在每年中高考都有诗歌满分试卷。2003年的高考语文全国卷命题中，终于不再有"诗歌除外"的小尾巴，"散文诗""文言文""报告""总结"等都是可以考虑的范围。

写话题作文时，怎样确定理想的体裁呢？以下四个"适合"可以作为确定理想体裁的基本标准：

第一个"适合"，是适合所给话题的表现需要。如2001年深圳市的中考语文命题作文"楼"这个经典话题，当然，这个话题就适合多种体裁来表现。"楼道里的故事"明显以记叙为主；"楼，精神的牢笼"以议论为主；"楼啊，楼"明显是抒情体；"楼的大观"不妨以说明为主的方式来下笔；而"楼的断想"之类则不妨以随笔体裁为主，相对活泼自由一些。但是也有不少体裁就不能像"楼"这个话题一样，如类似"今天真好"这样的话题，议论文与说明这两种文体就得靠边站了。而像2002年湖北黄冈的作文中"失去了才知道可贵"这个话题，如果你写成说明文，可能会大错特错。

第二个"适合"，是适合所选内容的表达需要。在构思的时候，往往是内容与形式在不知不觉中同时定下的。这里面其实存在着一种辩证关系：形式与内容相互制约。2002年湖北襄樊和江苏徐州两市中考均不约而同以"水"为话题让学生作文。对这个话题，如果你讴歌的是"母爱如水"，那么记叙文无疑是理想选择；如果你写的是"水资源，正一天天减少"，那么无疑以议论体为好；而如果你是从科学的角度介绍水的特点和开发利用，那么写成说明文也未尝不可；而如果你是以"水，生命之源"为角度作文，那么以抒情为主的随笔体可能最适合。

第三个"适合"，是适合个人文笔习惯的需要。同许多事情一样，文章的体裁也有因人而异的问题：记叙文侧重叙事，部分同学就偏爱这种文体；议论文侧重在严谨的思路基础上说理，有些同学擅长讲道理；说明文侧重有条有理的介绍，有些同学天生就乐于有条理地给别人介绍；等等。不排除有些同学是"全把手"，在训练中严格苦练，什么样的文体都能运用自如，这样更好。但是多数同学还是有个人表达习惯的偏爱，因此，在进行话题作文的体裁选择时，可以先以内容来决定自己打算以什么体裁为主，选取适合自己一直以来表达习惯的体裁，作文起来会扬长避短，发挥自如。

第四个"适合"，是适合学段训练目标的需要。事实上，年龄段不同，适合写作的体裁也有明显区别。这一点，大纲上对学生作文的体裁训练是各有侧重的，如小学阶段，大纲要求主要是写记叙文，因为这个年龄段的同学们思维还较幼稚，缺少条理感；初中阶段，年龄稍大一些了，这个阶段是在巩固记叙表达的基础上，侧重以多种文体的交叉训练，但仍是以记叙文为主，因为这个阶段的同学思维还是不够稳定，驾驭语言和组织内容的能力还有所欠缺；高中生接近成人了，各方面都相对稳定，基本体裁不再强求，而鼓励他们大胆地运用多种体裁进行写作。总体上，初中生以叙为主较适合，高中生以议为主较恰当。

丽人得有亮衣配，佳作也需好体衬。自有文章以来，就讲究形式与内容的结合，要掌握什么样的内容适合用什么样的形式来表现、什么样的内容不适合用什么样的形式来表现，否则就可能出现不伦不类、牛头马面或是阴身阳脸、怪体怪味的文章了。话题作文给我们带来了体裁上的大"自主"，这看来是文章形式上给我们创造的极为有利的方便条件，是作文命题形式上的大转折。面对这种转折，我们不要抱着被动的态度，而应以积极的心态去应对，把功夫花在平时，花在一招一式的练习上，把基本功练好了，就什么也不怕了；再就是在作文中要脚踏实地，从实际出发，选取最实效的体裁，而不应一味为了标新立异，只图形式新，把对文章内容的锤炼这件最重要的事情给丢在脑后了。

在话题作文面前，记住这样一条：让你的文章形式与内容达到最优质的组合。

"我"为圆心，话题面前浮想联翩

——针对话题作文构思时有不切实际的现象谈

> 对学生作文而言,其实就是一个"心情簿"。这个"心情簿"是以"我"为圆心的,是以"关注"为着笔点的。关注什么? 关注社会,关注人生,关注他人。所以话题作文的过程,就是发现和表现"我"周围的生活现象的过程。
>
> ——策略小解:花木成畦手自栽

作文就是一个"心情簿",而写作文的过程实际就是让心情通过手中的笔向外抒发的过程。有些同学为什么不怕作文,甚至不管老师要不要求,都爱写作文? 那是因为这些同学早就悟到这样一个他人还没有悟到的"玄机"。而另外一些同学总是提作文色变,这也正是因为这些同学总是把作文当作一次任务、一次训练、一次考试或一道题目来对待了,这样的话,可能在每一次作文时都会无所适从。

为什么把作文当作"心情簿"就不会怕作文了呢? 至少有两个原因:一是把作文当作"心情簿"就好比是自己在同自己真心交谈,交谈是谁也不会感到累的,所以写作文当然就不会感到累了;二是把作文当作"心情簿"时想说的内容太多了,只要是与自己相关的,你都可以说,你想,每个人生活在世界上,每分每秒都在经历着新鲜的事,对周围一切都有新的认识和感触,可以放在"心情簿"中的内容能少吗? 因此,当你想放入文章中的内容有很多的时候,你还会为这个着急吗? 这样,以后再遇到作文的时候,就想想这个"心情簿",一想,就会豁然开朗了。

我们拿广东省深圳市 2000 年、2001 年和 2002 年这三年的中考作文题来进一步探讨。2000 年的作文命题是《今天真好》，你看，你如果是写别人的话，怎么去写？而聪明的同学一看就知道是要你写与自己有关的事，虽然这个命题，限制了"今天"，还限制了要"真好"，但是谁没有一个"真好的今天"呢？并没有说要写固定的哪一天，所以，你只要仔细回忆一下，内容就会像泉水一样涌出来。这就是"心情簿"的好处。2001 年深圳中考作文命题是一个谁都没想到的话题"楼"，现在看来，很多人都说这个题目是中考话题中的经典，当时考场上好多考生一下子被弄蒙了，"楼什么啊？""什么楼啊？"抓耳朵拧大腿，就是想不出来。但是有好多有"经验"的同学马上清醒过来了并同自己联系起来。于是有的同学立马想到了"楼，我的梦"，有的想到了"对面的楼"，有的想到了"我在楼道里目睹的故事"，有的想到了"楼，感情的牢笼"，有的还想到了"我们家的新楼房"，等等，与"心情簿"联系起来后，看起来再难写的题目并不难写了。再说深圳市 2002 年的中考作文话题"过程"，如果同"心情簿"联系起来，那其实就更好写了。

"心情簿"就是"我心簿"，把作文当作"心情簿"，其实就是鼓励我们作文构思多围绕"我"字做文章。这一点，其实是语文"大纲"中一直提倡的宗旨。最新语文课程标准中也再次强调，中学生作文要能在"感情真挚"的基础上，"力求表达自己对自然、社会、人生的独特感受和真切体验"。什么叫做"力求"？就是"尽量去追求"。什么叫做"表达自己对自然、社会、人生的独特感受和真切体验"？就是鼓励同学们去多写自己生活中的"所见""所闻""所感"和"所经历的"内容。

一句话，多以"我"为圆心作文。那么，在以"我"为圆心进行作文的构思时，应该注意哪些具体问题呢？原则上讲，以"我"为圆心构思和作文时是"想说什么就说什么，想写什么就写什么"的。但是当然还是要有个度，要不然，就可能会走一些不必要的弯路。具体讲，主要有几个问题要注意。

注意以"我"为圆心，不是以"我"为核心、中心。以"我"为圆心，不是说总是只有"我"一个人，或者说自己最突出、最重要，而忽略或忽视别人的存在，这样就不好了。任何一个人，都不是生活在一个孤立的空间中，你总要同周围的人发生某种"关系"，作文也一样，你不可能只是写自己一个人"怎样"，你还得适当把与此相关的人或事都写进来，这样，才叫做以"我"为圆心，否则就是以"我"为核心或中心了。"朋友"这个话题，你就不能把主要笔墨放在自己身上，平均用笔墨较好；"母爱"这个话题，你就只是一个接受者，主要写母亲怎样爱你，主要笔墨都得花在母亲身上；而"街头"这个话题，如果你想写你在街上偶然见到的一幕的话，你就只能是一个旁观者，在"我"字上的用笔应当惜字如金。

注意不要把"心情簿"当成了"牢骚簿""滥情簿"。作文不是记日记，可以想写什么就写什么，享有百分之百的自由，中学生作文也不是作家写作，可以想讨论什么就讨论什么。这一点往往被一些同学忽视了，于是就把作文当作是发牢骚、诉不满，甚至是表达对人情世故、对社会、对制度的不满，这些都是不好的，这样写出来的作文其实都是"灰色作文""牢骚作文"或"情结作文"。格调不高，让人读了只会皱眉头。当然，每个人都有心情不好的时候，社会也不总是一片光明，人生也不会总是阳光灿烂。正是因为这样，我们才可以通过作文，来提高我们辨别是非、认清善恶的能力，这样我们才能不断吸收好的，摒弃坏的，才能逐步走向成熟。

中学作文的主题要求"用积极、乐观的眼光看待生活""体现中学生健康的审美观""展现新时代中学生对现实生活的珍惜和对未来美好生活的向往"等，这些是社会普遍对中学生的文章主题的要求，也是对中学生的生活态度的要求，这是一致的。"文章即人格"，一个经常以作文的形式发牢骚的同学，很难说以后能成为一位真正的栋梁之才。比如一个同学在话题"亲人"的写作中，说自己没有亲人，称父亲是自己的"仇人"，等自己长大了，要为妈妈"报仇"。其实不管背景怎样，这种意识都是不好的。

注意要有"关注意识"，不要画"我"为牢，固"我"自封。鼓励以"我"为圆心构思，是希望大家多说真话，多写真情，多倾真悟。但是千万不要以为，凡是作文都必须有"我"字在场，这样也不利于创新。有些取材甚至只要给别人的感觉是你站在"我"的角度写的，就行了，并不一定要文文有"我"，篇篇有"自己"。其实，我们的作文就是要培养"关注意识"。生活中的一点一滴，大自然的一草一木，大千社会的一瞬一景，都是我们作文的范畴。关注了这些，就是在关注与我们息息相关的生活。如话题"窗口"，遇到这样的题目还只在"我"周围想的话，那么更优秀的表现内容——如"深圳，中国的窗口"就可惜了。

相对传统命题来说，话题作文为以"我"为圆心作文，提供了更为广阔的自由空间，因为话题作文就是鼓励学生站在"我"的立场上，从"我"的视角出发，学会关注社会，学会关注人生，学会关注他人。可以说，自1999年话题作文命题第一次在高考试卷上出现以来，这种命题基本思想一直体现在每一个话题作文的命题中。因此，话题作文更鼓励写与自己相关的内容，话题作文也更适合写与自己相关的内容。

总之，作文时有"我"，下笔时时易；作文常有"我"，文章常常新。

熟悉的地方风景灿烂

——针对话题作文从熟悉生活着手的构思策略谈

> 构思是作文的整体决策阶段。但是,话题作文开放的话题空间和极大的取材自由性,给我们带来了方便的同时,更带来了麻烦——我们在话题面前,时常会有找不着北的感觉。因此,进行话题作文构思时,由容易处着手,不失为一种好办法。
>
> ——策略小解:踏破铁鞋无觅处

当对话题完全有把握的时候,我们往往就开始最令人费神的一步了——构思和取材。构思和取材虽然在整个作文的过程中耗时不能太多,但是它们最为耗费精力。作文动笔之前构思和取材,往往决定着我们整个写作活动的成败。

相对传统命题形式,话题作文在构思和取材方面给我们带来了前所未有的大空间,"命题",侧重于"命",这个"题"就是文章的题目,考生必须在这个题目的框子里面想——这往往给人以"笼子"的感觉。碰上适合自己的题目还好,碰上不熟悉的题目或不适合自己的题目,就不好办了,没话也得写,不写还不行,这就是命题作文的不足之处,所以时常造成假话连篇的现象,也造成了作文竞争的不合理性。"话题"的"话"有"随便谈"的意味,"题"是话题而不是题目,考生只需围绕这个话题写就行。所以构思与取材的自由度是相当大的。但是,任何事物都是相互矛盾的。

话题作文给我们带来的这个"大自由",同时也给我们带来了"大麻烦"。为什么这样说?因为构思与取材的空间大了,限制少了,这就是"大自由",在这么短的时间里,我们必须尽快确立理想的写作对象、内容及角度,这就是"大麻烦"。好比原来是从一个碗里的沙子里让你淘金,多少反正就只是一碗沙子，而现在是一大箩筐甚至一个沙滩都给你了，你不麻烦才怪。所以好多人想来想去，把时间都想去大半了，最终还不能选取自己认为最满意的下笔内容，最后不得不来个"拉郎配"——随便弄个内容算了。

难道话题作文在命题开放的同时真的给我们的构思与取材造成了"大麻烦"吗？其实这个麻烦完全是由我们自己造成的"求全贪最"的欲望。克服这个欲望很难，但也有办法，就是在话题作文进行构思和取材时，要尽量抛弃"求全贪最"的想法，在心中要树立"就地构思，就地取材"的念头。为了便于同学们应对，给大家提供几条较为实用的话题作文构思与取材基本原则：舍远取近的原则，舍旧取新的原则，舍小取大的原则，舍粗取细的原则，舍虚取实的原则，舍他取我的原则，等等。这几条原则实际上告诉我们，在面对话题作文带来的大空间、大自由的时候，我们最好从切合实际的角度展开构思，最好选取容易着手的对象或内容下笔。以这几条原则为基础，分别列举几篇中考优秀作文的构思和取材，我们具体剖析其优点所在。

一、从距离视线较近的地方着手构思和取材。这条途径的优点在于，离我们的视线越近，我们往往看得越清楚，构思和取材也就相对容易得多。深圳2001 年的中考作文话题是"楼"，当许多同学以"楼的变迁""楼的断想"等为话题展开构思而绞尽脑汁的时候，一位同学却以"楼道里发生的故事"为话题展开构思。她向人们讲了这样一个楼道里发生的故事：原本陌生的几家业主，面临楼道时常断电这个问题，从起初的麻木不仁到最终大家团结一心解决了问题。故事揭示了"现代都市的人不能因楼房阻断了人们心灵的相通"这个美好的主题。这个构思与取材就是从近距离着手的，因为是从近距离着手的，所以"楼"这个看起来很近实则写起来很虚的话题，一下子变得触手可及了。该文最终获得了满分，这与构思的成功有很大的关系。

二、从发生时间较近的事着手构思和取材。这条途径的优点在于，发生的时间越近，往往回忆起来就会越方便一些，构思和取材就顺畅得多。虽然许多话题的构思与取材或多或少带有回顾过去的成分，但是尽量把回顾的时间往近处挪一挪，也是很有必要的。时间近，往往会给人新鲜的感觉，作文的时代感也相对强烈些。2002 年山西省的中考作文话题"换位"，一位同学就以才停息了枪炮声的美国对阿富汗的战争为背景展开构思，他以一名在战争中饱受煎熬的阿富汗儿童的名义，向时任美国总统布什写了一封信，希望发动战争的布什总统能站在阿富汗人民的立场上考虑问题。从而发出了"我们渴望世界和平"的呼声。该文最后获得满分，以此取材，体现出考生的时代敏感性，从而赢得评判者好感。

三、从规模相对小的地方着手构思和取材。这条途径的优点在于，规模相对小的地方，在构思和取材时相对容易控制。"小开口，大文章"，通常是对中学生作文的一个不成文的要求。2002年某市以"发现"为话题，一位女同学写的是《我发现枕头里面有个世界》。在文章里，她写了自己一次无意间发现枕头里面填装的东西，从探究为什么"我"的枕头里面装的是这些东西的过程中，发现了妈妈对"我"的一片爱心。这个构思的角度就是从小处着笔的典型，因为"发现"这个话题太大了，有好多可以构思和选取材料的地方，但是这个同学却着眼于小的地方——天天都要用的枕头。以这个小的话题，引出了一个伟大的主题：歌颂母爱。这样的作文能得高分，从构思和取材的角度看，是很正常的。

四、从较为全面的地方着手构思和取材。这条途径的优点在于，较为全面的地方减轻了我们构思与取材的难度，加工起来省事，写起来充实。生活的本质其实是充满残缺的，所以你不可能把生活中的材料直接搬到作文中来。所以在构思和取材时，最好以那些相对较全面、较完整的材料为着眼点。2002年湖北恩施市的中考作文话题是"交往"，一位刚从"初恋"阴影中走出的女同学，就以这次经历为材料，把这件事的发生、经过和结果有所侧重地写了出来，体现了"中学生要在经历中逐渐成长"的主题。因为有经历，我想这位同学写作的时候一定会感到有话可说，因此也相对降低了构思的难度。这种满分作文得感谢亲身经历留在心中相对完整的印象。

五、从材料相对真实的地方着手构思和取材。这条途径的优点在于，材料的相对真实程度越高，文章的真实性就越强，构思和取材就越有信心。中学生作文给读者的真实感，往往是优秀作文的重要评判标准之一，所以构思和取材时，尽量使自己的文章往"真实感"方面靠拢，这是值得重视的。在以"窗口"

为话题的作文中，一位同学以《我家的变化》为题，从家里在近八年间的变化这个小窗口来反映所在城市人们生活水平发展变化的大窗口。在文章中，这位同学写了近八年中自己家的三次住房的变化——面积一次比一次大，环境一次比一次好，家具一次比一次高档，等等，说明自己家的日子一天比一天好。这位同学还在文章中有意把三次住房的大约面积、部分家具的品牌名以及价位都罗列在文章中，使得文章真实感很强，说服力很强。

六、从与"我"相关的地方着手构思和取材。这条途径的优点在于，与"我"越是相关的内容，构思和取材就越会有囊中取物的方便感。中学作文命题最基本的一个原则，就是紧扣中学生自身生活实际，换言之，就是以"我"为圆心的原则。话题作文的命题往往会充分考虑这一点。作为作者，我们一定要时时以"我"为圆心作文，这既是命题的出发点，也是一条写出佳作的最好捷径。2002年江苏盐城市的中考作文话题是"靠"，此话题别具一格。许多同学在构思时都没抓住要害，谈天说地，海阔天空，写不到点子上。一位女同学反而朴实地给自己写了一封信，在信中回答了自己一直感到困惑的一个问题：成功靠什么？最后的答案是靠自己。无论是形式还是内容或是主题，该文都让人眼前一亮，产生这种效果，与构思的着眼点有很大关系。

"踏破铁鞋无觅处，得来全不费功夫"，从话题作文以上的取材途径的优点分析来看，这两句诗中所揭示的深刻哲理对我们很有启发。对于空间极其开阔、自主度极其灵活的话题作文的构思和取材，我们时常会不自觉地陷入"求全贪最"的构思欲望中不能自拔。而克服这个欲望，对每个同学在话题作文中取胜于作文的决策阶段尤其关键。

另外，造成这种"踏破铁鞋无觅处"局面的原因，还有我们总是误认为"熟悉的地方没有风景"的念头。其实这是没有道理的，生活如同沙子和水，只要有空间，就会到处流淌，最好的风景就在自己的眼前，最好的金子就在自己的脚踏之处。

在构思与取材时，要多提醒自己：多往自己的脚踏之处看——熟悉的地方风景灿烂。

好角度，佳作诞生的预兆

——针对话题作文构思中最佳角度的选取艺术谈（上）

> 作文,是充满个性化色彩的创造性劳动。所以不同的人面对不同的话题,会有不同的理解。这就是说,作文要重视构思的角度。一个既适合话题,又适合自己的角度,就是佳作诞生的预兆。你信不信?
>
> ——策略小解:横看成岭侧成峰

在中考的前一周,学校举行最后一次模拟考试,我命题的作文话题是"位置"。老实说,直到这个话题交给文印室之后,我还在为学生能否围绕这个话题写出好文章而担心。出乎我预料的是,试卷批阅完之后,我发现这一次学生们的作文很成功,好多同学的构思与取材的角度远远超越了我命题时的预计。

比如,有的同学把"位置"与"换位"联系起来,写成了《我和老师换了位置》;有的同学把"位置"与"降位"联系起来,写成《放低自己,欣赏别人》;有的同学把"位置"与"守位"联系起来,写成《坐好位置就等于抬高位置》;有的同学把"位置"与"定位"联系起来,写成《我为自己定个位》;有的同学把"位置"与"责任"联系起来,写成《我们家,每个位置都很美》《位置,是奉献的代名词》(巧妙地写到了抗击"非典"一线医务人员的忘我行为);还有一位同学把"位置"与"身份"联系起来,写成《为后卫喝彩》;等等。

最精彩的一篇作文是一个同学把"位置"与目前的中考联系起来,写成《我做清洁工的100天》,里面写到他厌倦了学习,于是假想自己去做清洁工人,然后写了第1天、第10天、第50天、第99天的感受,到了第100天的时候,自己终于受不了当清洁工的辛苦,于是还是想做回学生的身份,去刻苦用功,参加中考。该文角度很好，通过巧妙的构思和取材，既达到了对学习辛苦的正确认识，又表达了对默默无闻的清洁工人的敬重，立意很高远，让人赞不绝口。

这就是角度，只有最好的角度才能促成最美的佳作诞生。如果说"选取容易着手的角度动笔"是帮助我们解决就地取材迅速写作的问题，那么"选取最佳的角度着笔"就是帮助我们解决选取最好的内容和方式写出出色文章的问题了。作文的过程本身是充满个性化色彩的创造性劳动，不同的内容适合不同的人来驾驭，而不同的人适合的写作对象也不一样，一个平时文笔很好的同学，遇到有些内容或对象作文可能写得一败涂地，这也是以前传统命题时常被人否定的重要原因之一。所以作文的构思过程其实就是一次选取自己喜欢与不喜欢，熟悉与不熟悉的内容与角度的过程。构思的本质就是选择与淘汰，在短时间内，围绕话题选择自己最适合的角度，为接下来的写作带来了事半功倍的效果。

"横看成岭侧成峰，远近高低各不同"。既然对同样的材料不同的人会有不同的角度，不同的人对同样的话题也往往有不同的视角，那么在话题作文构思阶段，如何在短时间内选取自己最为适合的角度呢？以下从宏观上为同学们提供几条有代表性构思与取材角度。即"朴""华""典""热""尚""新""美""深""谐""雅"，共十条。下面也以历年来中考优秀作文构思与取材角度为例子，略作提示。

"朴"——选取朴实的角度入手。"朴"即朴素，"实"即真实。相对于其他角度而言，朴实的角度往往显得有些先天不足，这种角度写出的文章通常稍欠生动与华丽。但是物极必反，许多读者反而对内容朴实的文章爱不释手，为什么呢？因为越是朴实的文章，越容易给人真实、自然、不矫揉造作和无病呻吟的感觉，所以以这个角度构思的作文往往会于不动声色中取胜。2002年安徽省的中考作文话题是"掌声"，一位同学以"我为优秀奖鼓掌"为角度作文，讲述了自己很少参加比赛，当唯一的一次比赛机会来到时，自己经过非常认真的准备，结果却只得了个最后的奖次："优秀奖"。但是这位同学在文中表达了自己对这个"优秀奖"的珍惜，她说："因为这是我进入初中以来最重要的一次获奖，我从中体会到了幸福的滋味，我要用心为这个姗姗来迟的优秀奖鼓掌。"你看，多么朴实的角度，多么朴实的内容，多么朴实的语言，值得借鉴。

　　"华"——选取生动的角度入手。文章是语言表达综合运用的艺术，"华丽"的文章就如同人得体的装束给人良好的外部印象一样，对于文章的判断，人们也有着相似的心理。"文章本天成，妙手偶得之"，自然，以这个角度作文，得有胆量，得有驾驭文笔的自信心，要不然，可能华而不实，弄巧成拙。2002年陕西省的中考作文话题是"感悟生活"，一位同学以"人生如棋"为角度，在考场上大显身手。这位同学可能平时透过生活的点滴现象进行过深层次的生活感悟，而且驾驭语言的功底又较强，所以文章从"人生如棋——看从容""人生如棋——话成功""人生如棋——论失败""人生如棋——说度量""人生如棋——悟挑战"等方面说起，内容上纵横驰骋，文笔上挥洒自如，立意上深入浅出，读完之后，有一种很好的享受。我想当时评判老师也一定不会有扣分的想法。

　　"典"——选取典型的角度入手。文章取材要典型，有代表性，这是尽人皆知的道理。确实，一个话题给你之后，你一定会有许多想要说的内容，但不是每个内容都是最具典型和代表性的，拿"亲人"这个话题来说，究竟写谁，还得在心里掂量三分，然后再把这位最具"亲人"代表性的亲人作为作文的角度。有的同学遇到这种看来易写的话题时，通常会不择对象，反正写谁都一样，结果因为"庸"角度而整出个"俗"文章。2002年江西南昌市的中考作文话题是"幸福"，一位男同学的文章以父亲抛弃"我"和母亲而另组新家为背景，写"我"和母亲相依为命的日子中，母亲对"我"全身心的关爱，表达了"我"对母亲发自肺腑的敬爱之情。这个角度就很典型，角度决定了这篇文章会成为一篇好文章。

　　"热"——选取热点角度入手。作为中学生，应该有一定责任感，这也是教学大纲中对作文的要求。有责任感，首先得有责任意识，得关注周围发生的一切。其中在社会上经常讨论的热点、焦点，被社会忽视的盲点、冰点等，都应该成为同学们关注与思考的一部分。比如"诚信的日渐丧失""腐败的屡禁不止""网络的泛滥成灾""学生负担依然过重"以及"环保"等。辽宁省2002年的中考作文话题是"美景"，许多同学从正面立意，取材生活中各种各样的"美景"，而另一位同学独辟蹊径，反其道而行之，以"身边的美景正在消失"为角度，谈到了沙尘暴的肆虐、植被遭到破坏、水资源大量浪费等环保话题，表达了一位中学生对人们生活环境日益严峻的冷静思考。这种取热点的角度，往往给人以敏感性高的感觉，从而得到高分。

"尚"——选取高尚的角度入手。作文的目的，就是表现生活的真、善、美，歌颂真情、赞叹高尚、弘扬奉献等，这些都是高尚的主题，所以从这个角度入手的文章，是永不过时的文章。有人称"真、善、美是文章主题中永不凋谢的三枝玫瑰"。但是从这种角度构思，一定也要注意材料的典型性，即使选取助人为乐、捐款扶贫，也要考虑角度，否则可会写成"口号式""宣传栏式"或"广播稿式"的文章，让人读了反感。2002 年云南省的中考作文话题是"收获"，一位同学以"卖诗的老奶奶"为角度作文，讲他在一次周末晚上和妈妈一起去吃炸酱面回来的路上，无意中在路边碰见一位可怜的年过七旬的老奶奶，对老奶奶进行"小舍"之后，老奶奶在昏暗的路灯下，趴在地上为他写了一首"诗"（顺口溜）。在同老奶奶的交谈之中，得知她出来竟是为了家中中风的老伴和痴呆的女儿……

好角度，佳作诞生的预兆

——针对话题作文构思中最佳角度的选取艺术谈（下）

> 作文，是充满个性化色彩的创造性劳动。所以不同的人面对不同的话题，会有不同的理解。这就是说，作文要重视构思的角度。一个既适合话题，又适合自己的角度，就是佳作诞生的预兆。你信不信？
>
> ——策略小解：横看成岭侧成峰

"新"——选取新鲜的角度入手。好作品是时代的产物，中学生作文也应该同时代紧密联系起来，让读者感受到"时代意识"。即使是一些过去看来很好的材料，也可能因为时间的原因，而显得不但没有积极意义，反而会令人难以接受，这种情况要引起重视。所以，这就要求同学们进行作文的构思与取材时，要尽量往新近发生的事情上面考虑，尽量选取新鲜的内容写，使文章带有新鲜味儿。像"第一次"这种话题，一些同学动不动就想到了"第一次上学""第一次戴红领巾""第一次出远门"等，不是不好，而是缺少新鲜味儿。

2002年四川省成都市的中考作文话题是"第一次"。一位女同学以"第一次为妈妈梳头"为角度作文：中考的这天刚好是"我"的十五岁生日，十五年来，都是妈妈为"我"梳头；而这天早上，虽然"我"要参加中考了，可"我"还是坚持第一次为妈妈梳了头，取材触手可及。

"美"——选取精美的角度入手。作文是一种艺术，有带给读者"美"的责任。中学生的作文，就有必要在构思和选取角度时，适当考虑文章带给读者的审美需求。在生活中，虽然并没有"天成之作"，但是确实有很多精彩之处可以发掘。

2002年湖北省仙桃、天门、潜江等市的中考作文话题是别具一格的"墙"。一位女同学独出心裁地从审美的角度出发，通过列举自己耳闻目睹的中外的"墙"的构造与外形，来表现"墙之美"。她在文章中写长城的巍峨之美，以赞美中国在历史上的大国地位，歌颂中华文明的源远流长；她在文章里写被英法联军纵火烧毁的圆明园的断壁残垣的悲壮之美，以表达对国家富强的呼喊；她在文章中写抵挡洪水的"救命墙"的英勇无畏之美，表达对人民军队的敬爱。此文章实际上是从"美"的角度，借"墙"的话题，把生活中最美最亮的内容言于笔下。

"深"——选取深刻的角度入手。"深"即"深刻性"。文章是来表达对生活的认识的，有事、有景、有情，就会有悟。随着年龄的增长和认识上的成熟，不少中学生对生活的看法越来越有自己的见解，甚至会超越成人对生活的理解，这都是正常的。所以，在作文中以"深刻性"为角度来构思和取材，也是把文章写得有深度，让读者阅之如饮甘醇的途径之一。当然，以这个角度构思要把握一个"度"字，切不可故弄深沉，把文章写成玄机重重之作。

2002年福建省厦门市的中考作文话题是"体验"。一位男同学以"小饮咖啡细品茶"为角度，写自己常和父亲到附近咖啡屋中喝咖啡与品茶的几次经历和感受。通过喝咖啡与品茶的真切感受，通过喝咖啡与品茶的对比，得出了生活的真谛：生活也如同喝咖啡与品茶一样，有先苦涩后甘甜的哲理。角度独特，立意也非常深刻，令同作难以望其项背。

"谐"——选取诙谐的角度入手。生活本身即充满辩证，有"庄重"有"诙谐"。而作文也属性情之物，"趣"也好、"乐"也好、"谐"也好、"侃"也好，只要建立在一个健康、积极的主题基础上，都应该能当作成文的角度。如近年的不少满分高考作文，都或多或少带有以上这些成分。当然最好不要写成"低趣""庸俗"和"神侃"。

2002年甘肃省的中考作文话题是"朋友"，按说考生都会往"生活中我与谁是朋友"这个角度去发掘，但是有一位同学就偏不这样，他以"我同自然做个至交"为角度，分别从"同风和雨交朋友""同日和月交朋友""同水与火交朋友""同树与草交朋友"等方面下笔，以朋友对朋友理解的角度，巧妙地谈到了对自然界这些与人类生存息息相关的事物，对人类生命、生活、生存的重要性，同时谈到了对自然保护的话题。以"谐"取道，载以大义，堪称经典。

"雅"——选取雅致的角度入手。"雅"，是生活的制高点，是人们孜孜不倦追求的境界。作文也追求一个"雅"字。"雅"即不俗。从这个角度着笔的文章，通常能反映作者深厚的语文功底、深刻认识事物的能力以及超凡的驾驭语言文字的能力。所以以"雅"作角度的同学往往是综合素养较全面的同学，写出来的作品，也往往最能反映一个人全面扎实的语文功底。

2001年广东深圳市的中考作文话题是"楼"，有的同学就以"小楼昨夜又东风"为角度，一个"雅"字，也如东风一般，迎面拂来。有的同学以"楼的物语"为角度，大胆而雅致，挑战性极强。再如某省市同年以"书"为中考作文话题，一位同学超凡脱俗地以"腹有诗书气自华"为角度作文，在文中引经据典、思路开阔、文笔优雅，把"诗书"对一个人修养的重要性讲得头头是道，让读者不得不跟着这位同学的文笔"雅"上了一番。

从选拔性考试的功利性来讲，考场作文就是竞争与挑战。因此，这就好比拳击场上的斗士，想要赢得这场竞争与挑战的胜利，你得使出最大的力气，亮出你最厉害的招数，而且你还得根据对手的情况思考最有效的克敌制胜的策略。考试作文的命题，就是你的对手，要想战胜这个对手，除了发挥最好的写作功底之外，更重要的还是有最好的策略——选取最能够发挥自己水平、最能写出佳作的角度。

话题作文是针对每一位考生的，从另外的角度看问题，也就等于话题作文将作文的门槛降低了，但是却把作文的品位抬高了。在话题作文面前，人人都可能尽量去选取最适合自己的角度来作文，佳作与妙作会层出不穷，因此，不会以角度取胜的同学，就等于守株待兔了，也许兔子等不到，自己还会"乏"死。

记住一条朴素的作文道理：最好的佳作与妙作，往往是诞生在最好的写作角度之中。

思路，奔腾跳跃着的文章的脉

——针对话题作文中容易出现脱缰之马的行文现象谈

> 思路，乃文章之脉络。作文是思维的活动。清晰的思路，是作者思考活动的清晰记录。而只有有了清晰的思路，读者才能知道你想表达什么。思路混乱或没有思路的行文，如同痴人梦游，读不懂谁还愿意往下读呢？
>
> ——策略小解：妙笔生花一脉承

作文有两大重要功能：一是训练同学们的语言表达能力；二是训练同学们的思维能力。前者就不必分析为什么了，后者为什么这样说呢？因为每一次作文的过程就是一次思维的旅行、跋涉。在这个过程中，我们思考内容逐步得到整理，到作文写成时，文字实际就是我们一场思维活动的记录。

从这个意义上讲，一篇质量不高的作文，思维质量不高是一个至关重要的因素。试想，一篇思路混乱，内容颠三倒四，或前言不搭后语，甚至前后矛盾重重，逻辑杂乱的文章，即使语言再美，内容再充实，立意再好，有什么用呢？因为别人不知道你在文章里说了些什么。这种情况在中学生作文中是常见的，也是容易被同学们忽视的。

下面是一篇题为《雨天，我想起了……》的作文：

窗外的雨渐渐沥沥地下着，落进了我的心灵深处……

我的家在一处偏僻的乡村，交通极不方便。我的父母都是"标本式"的农民，没有文化，他们的最大愿望，就是希望我有一天能出人头地，走出这贫困偏僻的乡村。

望着外面的雨，我不禁想起了那令我难忘的一幕：那也是一个雨夜，母亲的胃病又犯了，疼得额头直冒冷汗，脸色煞白。焦急的父亲背上母亲向村头的卫生室走去，村里的医生说母亲病得太重了，得赶紧送往县里的医院。县医院离我们村一百多里，怎么办？望着一脸茫然、不知所措的父亲，我感到了事情的严重性。

就这样，我在背后为父亲打着伞、举着灯，等候在去县城的公路上。可是已经是深夜了，没有一辆车来，急得父亲团团转。

又过了半个小时，前面好像有一线亮光。我想，救星来了。到了医院的办公室里，医生说："对不起，你们来晚了。"我刹时一惊，跪在医生面前说："医生，求求您救救我妈妈，求求您……"医生把我扶起来，摇了摇头，走了。父亲冲向雨夜中，望着满天的星斗和无言的大树，对着天空大吼一声。

处理完母亲的后事，父亲向亲戚们借钱买了一辆汽车，只有我知道父亲这是为什么。

时间过得真快，转眼间我就要开学了。可是家里困难，父亲为了我上学，毅然把汽车卖了。

今早父亲送我，抖抖索索地递给我一个纸包，我热泪满面，我明白里面装的是什么。

父亲只说了一句话："孩子，好好考！"

我明白父亲的意思，我一定好好考。

（摘选自《中考作文丢分解秘》，田园编著，有改动）

以上这篇中考作文是一篇四类文，这个类别的作文对于中考作文而言当然属于失败一类的。固然，这篇作文失败的原因有多方面因素，思路失败是最大的失败。思路失败体现在下面几个方面：一是事件发生地模糊不清——开头并没有写是在考场上或是参加中考，可是结尾突然说自己要"好好考"，这就让人觉得莫明其妙；二是表现对象不确定，开头好像是写父亲对母亲，接着好像是主要写父亲，接下来又好像是写父亲对"我"，读后让人产生不确定感，也就是让读者不知所以；三是主题混乱，最开始让人感到是表现父母对"我"成才的期望，中间又让人感到是写父亲摆脱贫困，最后又让人体会到是写父亲对"我"的期望，变来变去，让人莫衷一是；四是表达混乱，如"父亲冲向雨夜中，望着满天的星斗和无言的大树，对着天空大吼一声"，就明显存在着表达上的前言不搭后语的矛盾。

看起来，这四个方面都不纯粹是"思路"问题，都是作文过程中作者"思路"不清的结果。同学们也可以明显感受到，思路不清，导致本文在叙述中详略不分，该重点写的地方体现不出来。为什么呢？就是因为作者自己不知道哪儿要详哪儿要略，哪儿要轻哪儿要重。

由上面这篇失败的中考作文的例子，我们不难得出这样一个结论：思路问题是摆在作文一切问题之首最值得注意的问题，所谓"一着之失，全盘皆输"。看来，同学们今后在进行写作的时候，都不能轻视这一点。现在让我们来正视它并解决它——怎样在作文中不犯或少犯思路上的错误。

一、要养成全局和通盘构思的习惯。这里说的思路有两种：一种是从粗的方面说，指的是对文章方方面面的考虑，其实就是构思；一种是从细的方面说，是指具体行文的思路。这里只说细的方面，也就是指具体行文的思路。具体行文的思路首先要注意什么呢？要养成全局和通盘构思的习惯。这里说的全局和通盘构思，就是要对"先写""接着写""后写""再写""最后写"有一个大体勾勒。具体点说，当一篇文章的立意、题材等确定以后，具体动笔行文时，你必须先想清楚这一点，不要含糊，否则到具体写作时就会出现至少两种情形：一是颠三倒四，二是撞车打架。到这个时候就不好办了。

以话题"机遇"为例，一个同学如果以《我成长中难得的一次机遇》为题作文，那么这位同学在行文思路上首先要通盘考虑这样几点：第一，我难得的一次机遇是什么。第二，这次难得的机遇是在什么情况下得到的。第三，我面对这次难得的机遇时是什么表现。第四，这次难得的机遇对我有什么样的重要意义。有了这几点考虑，这篇作文的内容其实已经出来了，充其量，下一步要做的只是个顺序排列问题，这一排序，通盘思路不就出来了吗？而倘若没有经过这一步，边写边想，边写边排顺序，文章写出来思路就很有可能会出问题。

二、要力求行文思路的单一和清晰。思路，应该是同路一样的东西，具有线条般的特征，只不过它是无形的。既然如此，我们在作文时，对于行文思路，就应该有两点最具体的要求：单一和清晰。所谓单一，就是作文的思路不要多，不要繁和杂。单一了，行文就脉络明朗，头绪少，顺着你的这条思路下去，你想在文章里说些什么，读者能看出来。所谓清晰，就是清楚，不模糊。有人说，单一不就是清晰？不一定，你看，麻绳是不是单一，但一旦麻绳缠在一起了，还能单一吗？清晰，是保证无论你怎样七弯八拐，别人都知道你前后说什么。

以前面提到的《雨天，我想起了……》一文为例，这篇文章的思路就不是单一和清晰的，先说单一，这篇文章至少有三条思路：一是回忆雨天送母亲去医院，母亲不幸病故这条思路；二是父亲从母亲病故一事中受到打击，买车的这条思路；三是父亲对"我"期望至深，到母亲病故买车挣钱，到为了"我"读书卖车让"我"继续读书。这三条思路中第一条浓墨渲染却半途而废了，第二条突然生出，又浅显生长，第三条看似贯穿全文，可是中间母亲病故那一段又莫名其妙消失了，最后又在第二条的基础上不明不白地出现了。一篇小小的文章里，竟然有三条思路，而且三条思路都不完整，你说这篇文章给人的感觉会怎样？所以这篇文章看似到处是思路，其实是一条也走不通，别人一条也看不明白。所以再说清晰的话，就不必说了，因为在这样的情况下是不可能做到清晰的。

三、要尽可能找到最佳的思路方式。正如同大地上的道路千姿百态一样，作文的思路也应该是多姿多彩的。所以作文时，对于行文思路还有一个选择和创造的问题，即要根据具体的话题、题材和表现中心的需要，合理选取和创造最佳的行文思路，来实现写作意图。这一点，可能同学们也或多或少有一些体会，有时，一个很好的话题，在构思时也取到了很好的素材、立意，自我感觉也很不错，但就是写起来时不顺畅，或者说写完了以后总感到不是那么回事，各方面似乎都不知不觉地打了折扣。而有时，一个普通的话题、一些不太满意的素材，一个写作前感到很一般的立意，可能在写作过程中，却感到越写越有写头，而且写完了以后，更感到各方面都似乎比预料中的要好。为什么呢？前者极有可能是一个不合适的行文思路搅坏了一锅好粥，后者则极有可能是一个好的行文思路让文章诸方面"乘奔御风"了。

下面为同学们提供几种思路，给大家一些启发。

"顺式"思路——也叫"顺藤摸瓜式"思路，这种思路如同"一江春水"，所有内容都按一个正常的逻辑思路往下走，读者很容易就能明白文章和作者要表达的内容，一目了然，清清楚楚。如朱自清的《背影》、阿累的《一面》等文章采用的是这种思路。

"逆式"思路——也叫"顺瓜摸藤式"思路，这种思路如同"猴哥爬竿"，从下往上。一般以倒叙开头，以悬念的方式展开，接下来以顺式思路进行，很容易吸引读者的阅读兴趣。如林海音的《爸爸的花儿落了》、冰心的《小桔灯》等文章都属于这种思路。

"塔式"思路——也叫"垒金字塔式"思路，这种思路采用由轻往重，层层垒叠的方式行文，内容上则是自浅而深，逐步深入的方式，是一种结构严谨的递进式的行文思路。如莫怀戚的《散步》、宗璞的《紫藤萝瀑布》以及杨朔的《荔枝蜜》等文章都属于这种思路。

"环式"思路——也叫"层层相扣式"思路，这种思路多用于以议论为主的文章里，亦即文章各部分之间环环相扣，一层套一层，如链条一样，逻辑推理性极强。如鲁迅的《论雷峰塔的倒掉》、胡绳的《想和做》，以及一些推理性较强的说明文，竺可桢的《向沙漠进军》、华罗庚的《统筹方法》等文章属于这种思路。

"并式"思路——也叫"并列铺排式"思路，这种思路一般是内容、素材、情节之间大小、轻重、先后关系不是很明显，所以只需用并列铺排的方式组合在一起就行。如朱自清的《春》、老舍的《济南的冬天》、培根的《论求知》等文章都是这种思路。

"悬式"思路——也叫"层层设疑式"思路，这种思路的特点是以不断设置悬念的方式行文，让情节、内容等随着悬念往前推进。如莫泊桑的《我的叔叔于勒》、马克·吐温的《竞选州长》、安徒生的《丑小鸭》《皇帝的新装》等文章都是这种思路。

当然，以上只略举了几种，作文的思路有多少种，谁也说不清，什么样的思路最好，没有唯一的标准，思路有选择性，思路更具有创新性。鲁迅说，地上本没有路，走的人多了，也便成了路。作文的思路何尝不是此理？只要因文、因人而异，大胆创新，更多的作文新思路一定层出不穷，同时，一个善于在作文思路上动脑子的同学，他的作文思路也必然会文文新、常常新，考试时也一定会更胜一筹。

四、要追求行文思路的灵动和变化。作文是一种创造性的脑力劳动，作文不是对着字帖练字，也不是对着讲稿朗读。作文的过程就是在不断思考和表达中陆续生成的活动。所以，文章的思路是一篇文章的动脉，这个动脉应该是流动的、变化的，所以不能"呆板""死板"和"平面化"。"文似看山不喜平"，如果思路"平"了，文章又怎能不"平"？所以写文章的好手，也是思路运用的好手，既让你的读者感到清清楚楚，又让他们品味到一种曲折回旋之美。"山重水复疑无路，柳暗花明又一村"，优秀的文章就好比带领读者去看风景，不要光是走大路，走大家再熟悉不过的路，要通过思路的变化，让人有不断的新鲜感和刺激感。

当然，这并不等于说要为了思路而去追求思路，这样不好。实际上，思路的形成还更要注重"自然"二字，不要做作和故弄玄虚。甚至有时一条最简朴的思路更能吸引人和打动人，因为毕竟决定文章成功不只是思路一个因素。

最后强调一点，写文章提倡思路的本意，是为了让读者明白作者和文章的意图，这样才能吸引读者。这种主次关系可不能倒置，只有认识到这一点，我想大家才能在今后的作文中正确地想到思路，灵活地运用思路以及科学地创新思路。

第二编：策略讲究篇

抓住最佳的动笔时机

——针对话题作文起笔时机控制艺术谈

> 磨刀不误砍柴功。成熟构思,能给行文带来极大便捷。但是考场作文,时间有限,我们不能总是等"刀"磨好了,再去"砍柴"。所以,在构思处于混沌状态下不妨动笔,这也是"犹抱琵琶半遮面"的构思艺术。
>
> ——策略小解:犹抱琵琶半遮面

"犹抱琵琶半遮面",这句诗描绘的是一种欲露却隐、半遮半显的朦胧之美。在写作中,这种状态通常是一种混沌状态,即构思时不必把将要行文的内容全都考虑周全,而在行文过程中逐步完善和细化。

对于这种构思写作开始的混沌状态,好多作家都倍加推崇。向来以行文严谨、文风扎实著称的沈从文先生就特别看重这种方式,沈从文先生在一次同青年作者的交流中说道:"……不一定非要等到全部想好了再写,有大约四五成熟即可动笔。"并且进一步讲道:"以这种境界动笔写出的文章,往往比事先全想好的也许各方面更佳……"可见,大师虽未明白地告示我们这样做具体为什么,但却以自身的成功经验和丰富经历启迪我们:以构思混沌状态开始的作文,也是一条不错的法则。

其实不只是沈从文先生对此有精辟的见解,不少大文豪、大作家都对此有过深刻的体验。列夫·托尔斯泰写《安娜·卡列尼娜》时,据说不只是小说的名字是完成作品后才加上去的,而且小说的情节发展有许多竟然是连他自己都没有想到的。其中有这样一个故事:《安娜·卡列尼娜》写到快收笔的几天,朋友们眼见列夫·托尔斯泰日渐忧郁和沉闷,少言寡语,大家都不知其因。直到有一天集会时，迟到的列夫·托尔斯泰泪流满面地出现在大家眼前，哽咽着告诉大家："我可怜的安娜她刚刚竟然卧轨自杀了。"直到此时，朋友们才恍然大悟——列夫·托尔斯泰这些日子一直在为他笔下的主人翁安娜的命运担忧。可见，有时候，就是作家本人也难以准确地预料将会发生什么。但往往就是在这样隐隐约约又难以确定的情况下，文章的写作才会更能刺激作者丰富的想象力。所以，最精彩的灵感，往往是诞生在绞尽脑汁的过程之中。

对于考场话题作文，"犹抱琵琶半遮面"这种鼓励从构思混沌状态下即开始动笔写作，其实也是非常具有现实意义的。联系考场话题作文的诸多特殊性因素，我们可以从以下几个方面考虑它的积极意义。第一个积极意义是有助于提前起跑，从而总体上提高考场作文的效率。相对于传统命题形式，话题作文给学生构思空间大，构思的时间比较长，若是等构思好了再动笔，会耽误太多的时间。因此不如及早动笔，把最宝贵的时间都用在刀刃上。第二个积极意义是有助于调整和修正构思的不足。"永远也不会有最完美的构思"这句话也许能算作是一条作文哲理。的确，你不可能把行文该想到的一切都在构思中想到，这永远不可能。所以与其这样的话，不如"边写边想，边想边写"，让构思与行文这一"想"一"做"高度联系起来。这样可以根据行文需要适时调整构思的不足，可以让构思在行文中逐步完善。如果一味抱着"想好了再写也不迟"的心态，你在写作中还是得有大量需要临时调整的地方，到那时，岂不是多花了时间？第三个积极意义是有助于更精彩的灵感出现。前面已谈到"最精彩的灵感，往往是诞生在绞尽脑汁的过程之中"，所以既然是"灵感"，怎么可能都在构思时想得一清二楚？好创意，就是要在具体的行文中去寻找，去等待它从已经被烘热的激情中自然而然地迸发出来。"好戏难在前场寻""好词总在顺口中"，说的就是这回事。

自然，好说不一定好做。尤其对于考场话题作文，我们只懂得它的重要性还远远不够，我们还得知道具体怎样才能做到这一点。我想，我们还是从"注意"的角度来提醒大家几点。

"犹抱琵琶半遮面"，不可轻视构思、马虎构思和随便构思，注意构思时该明朗的地方，一定先要想明白，不可糊涂。意思就是不能因此忽略构思的重要作用，在作文中永远也不要忽视构思的重要性，话题作文更是不能轻视构思，而且对构思一定要在这一环节想清楚了，不该糊涂的万不可糊涂，或者说"小细节可以糊涂，大方向万不可糊涂"。以 2003 年高考命题上海卷的话题"杂"来说，2003 年的评卷老师说，有一些同学连"杂"的内涵还没有想清楚就开始动笔了，结果使人不满意。如一种是将"杂"误以为写"杂说"，如"非典杂说""考试杂说"；一种是通篇与"杂"字有关，也力图表现杂义，但对杂义的理解明显牵强附会，譬如像"老虎是杂""茶叶的沉浮是杂"等主观臆断的观点，可归为"似杂非杂"；还有虽然看起来"戴杂帽、穿杂鞋"，但实际上根本没有抓住"杂"的内涵。这是高考话题作文，其实中考也一样，2002 年一道中考题的话题是"墙"，你没有搞清话题的方向，怎么作文？

"犹抱琵琶半遮面"，不是盲人骑瞎驴，走到哪儿是哪儿，注意行文中要遵循构思的指引，切不可完全逃离构思，重新生成。这种情况不是不重视构思，而是在行文中有意或无意抛开构思线路的表现。构思原本想好了，因为可以"边写边想"，于是想着想着，脚踏西瓜皮，把本来构思中想好了的东西全给丢掉了，变成在行文过程中重新起锅立灶，又来新一套了。这当然不行，这比不要构思其实更严重，为什么？前者至少不浪费时间和精力，而这种不光是浪费了开始阶段的时间和精力，而且因为构思中已经有一个基础了，想重新来，就得否定原先的，导致在这个阶段又要花时间耗精力，真是得不偿失。在这种情况下行文，首先要注意遵循原来构思时的大致成果，不可完全逃离了。比如"梦"的话题，原来想的是"想当医生"，行文中写着写着，又想当老师，又想当军人，又想当设计师，结果全写进去了。医生的愿望没写透，其他的一个也没写深刻，搞成了四不象了。这就是盲人骑瞎驴，也误解了混沌状态下构思的本来意图。

"犹抱琵琶半遮面"，不能像在沙窝中赶泥鳅——越赶越糊涂，注意行文结束时一定要揭开了盖头，不能"犹抱琵琶全遮面"，全部混沌。上面讲了几种误区：第一种是误认为是起初阶段可以忽略构思；第二种是误认为过程中间可以摆脱构思。还有第三种，就是把"混沌状态下构思"误认为是提倡朦胧写作。

于是作文越写越糊涂，写到最后连自己都搞不懂说了些什么，真的是"犹抱琵琶全遮面"了。值得提醒的是，出现第一种情况的，往往是一些思想较肤浅的同学；出现第二种情况的，往往是一些思想半成熟的同学；而出现最后一种情况的，往往是一些思想较深刻的同学，这些同学作文写到一定境界，往往特别想超越自己，于是就会出现"走火入魔"的情况。结果过于追求文章的精、深、妙，而把文章引入死胡同，所以作文基础较好，有这些倾向的同学，在话题作文时一定要注意这一点。

磨刀不误砍柴功。在作文中，提倡多花时间构思。但是在考场作文时，"刀"不能无限度地"磨"下去。要不然，天都黑了，你还在磨刀，刀磨得再快，晚上也没得吃了，这"刀"还有什么用处？再者，柴也不是到处都是，人家都在砍柴，你动手慢了、迟了，眼看别人都在砍了，你还没动手，也影响你啊！考场作文的心理优势其实也是非常重要的。就如同跑步比赛，起跑比别人慢了半拍儿，气也好像短了半口。

"犹抱琵琶半遮面"提倡的其实是一个把握构思的火候问题。如何把握得好呢？这就需要把功夫花在平时，等到考场作文时，习惯成自然，到什么地步做什么事，只靠感觉就能支配行动了。

题目，文章的"第一眼"

——针对话题作文拟题策略艺术谈

　　　　题目,是文章的"第一眼"。"题好一半文",本意是:有时好题目的价值和文章的总体价值,几乎是相等的。可是如果"题不好",那么"满园春色"的灿烂,就有可能耽误于这"一枝红杏"了。

　　　　　　　　　　　　　　　　——策略小解:粉杏一枝艳墙头

　　相比于命题与半命题作文,话题作文把"自拟文题"的任务交给了我们。初看,这是一个微不足道的"小任务",但是细心一想,这项任务并不小。你想,每个话题作文在命题时,都把"自拟文题"同"自定体裁""自主立意"摆在一起,共同构成命题要求中的"三自"。既然"自定体裁""自主立意"这两方面每个人都会特别用心,那么"自拟文题"你能掉以轻心吗?再说,话题作文的"文题"是作文比试的"第一眼",以前因为大家都用几乎一样的题目,不会去太留意,现在一看文面,题目精彩纷呈,比较随之而来,因此,"文题"比别人稍微逊色的文章,首先已经把"第一眼"输给别人了,是不是?

　　"题好一半文",现在我们再讨论一下这个问题。"题好一半文",实际上包含了这么几层意思:一是题目是文章的引线,好题目能激发你写出好文章;二是题目是文章的窗口,好题目一看就能推测文章的内容;三是题目是文章的一半,好题目和文章同等重要。这三个方面说明题目是与文章内容有着密切关系的,所以不能只为了题目亮眼而随心所欲地拟题目,得充分考虑到以上三个方面的因素。同时,"题好一半文"这句话,也告诉了我们这样一个道理:拟题是一个人作文综合素质高低的直接体现。作文拟题也得有个过程,不是你说想拟好，就能拟好的，不是你突然重视了这件事，你拟题的质量就一下子上来了。得有一个"练拟"的过程，也就是及早做拟好题、拟佳题、拟亮题的有心人。

根据近几年来话题作文的考查现情况，拟题出现以下几个层次：静题、套题、嵌题、灵题、意题等。

"静题"是第一层次，也是起点层次，即直接用"话题"作为题目。如话题是"换位"，文题就是《换位》，话题是"水"，文题就是《水》。这是一种直接利用话题资源的做法，有利也有弊。利是不用在题目上花费精力，而且不用担心题目风险；弊是题目往往欠缺针对性。

"套题"比"静题"要好一些，这是一种直接把自己的意思"套"进话题的做法，如话题是"留下"，拟题是《留下美德》，话题是"懂得"，拟题就是《懂得尊重》。这其实是一种半加工的做法，此做法保险、实在，但也欠缺生动性和竞争力。

"嵌题"是一种较巧妙的做法，即提炼话题中的字眼，与自己的想法巧妙嫁接起来，从而形成文题。如话题是"位置"，拟题是《给自己定位》，这中间的"定位"实际上是把"位置"的意思"嵌"入题目，又同时有自己的想法。还有的同学把题目拟成《为后位喝彩》，也是这种形式的命题。这种命题方式往往既保险，又有竞争力，在考场作文命题时，最值得提倡。

"灵题"是一种富有创意，也具有挑战性的命题做法，喜欢这样命题的同学往往有相当好的创新意识，这样的命题一旦命得好，确实能让阅卷者眼前一亮。如话题是"阳光"，拟题为《怀念阳光灿烂的日子》，或拟为《为心常储阳光》，或拟为《阳台·阳光·阳阳》（注："阳阳"是作者乳名）。这些题目都很富有灵气。这样做当然好，但是这种命题拟不好便会弄巧成拙，变得不可靠。

"意题"是五个层次中较好的层次，考生往往是在深思熟虑之后进行拟题，形式上通常找不到话题的字眼，却能让人感到话题无处不在，即命题时追求"意同""神似""魂存"。如话题是"楼"，拟题为《是谁树立了情感的墙》；如话题是"墙"，拟题为《填平代沟》；如话题是"朋友"，拟题为《唉，那风景不复的日子》；如话题是"爱"，拟题为《我生活在永远的春晖里》；等等。这些文题虽然没有话题字眼，却处处能体会到。这种命题能体现作者的综合素养，也极易博得读者青睐，但是失误率极高，属于冒险的话题作文命题法。

在中考前的最后几次模拟考试中，我给学生们出了一个返朴式的话题"家"，结果全班同学都写得不错，尤其是拟题，出现了精彩纷呈的局面。我想这可能是大家对命题的重要性有了深刻认识，加上一段时间的高强度训练后的必然结果，当然，对"家"的情感上的深厚感触也是一个最根本的原因。为了帮助大家对以上提供的几种命题方式有个更好的认识，我将这次作文中全班四十位同学的三十个拟题列举如下：

《我的家》《家，幸福的乐土》《"半"家》《"新"家》《家，我的王国》《家的断想》《家乡谣》《家，暖心的地方》《放"心"的家》《为了家》《替心找个家》《家是我生命中不走的春天》《家，一碗姜糖水》《有家真好》《想家·回家》《三双眼睛》《柜橱里的家》《三寸之家》（这位同学写的是照片）、《我真想有个完整的家》《家，一个易碎的瓶》《家·牵挂》《精神的紫竹园》《家，一个酸甜苦涩的罐》《离家的日子》《老家》《班家》《美满幸福更是家》《家，生命的延伸》《家是一首歌》《家，让人放"心"的地方》

拟题，是艺术，也是技术。技术是艺术繁荣的土地，而技术是从有规则的训练开始的。对于话题作文的拟题，除了以上提供的几种层次（事实上也是几条途径）以外，还应该掌握一些基本的规则。

一、话题作文拟题要先求"精准、正确"。这是摆在第一位的，题目虽然不是文章的灵魂，但也是文章灵魂的部分反映，所以题目必须先求"精准、正确"。体现话题的方向和意图是一方面，题目自身用词、达意上是另一方面，两个方面都不能出现问题，如果出现了问题，那你就犯了低级错误。如话题是"换位"，你理解为"定位"，就是把话题的方向和意图给弄歪了，这样就不行了，别人一看你的题目就知你写的文章已经跑题了。另外，题目中不要出现错别字、生造词和生造句等。有一次我给了学生们一个"生活"的话题，一个同学的拟题是"生活，让人深感其受"，让人啼笑皆非："深感其受"就是一个生造词组，不通顺，也不通俗。拟题"精准、正确"还有一层重要含义，就是不同的体裁要有不一样的拟法，记叙文的题目不要感觉是议论文，反之亦然。这一方面的基本原则是叙述文体的拟题以"情、事"为主，议论文体的拟题突出一个"理"字。

二、话题作文拟题要力求"精短、凝练"。给文章拟题目不是写词语，不是写句子，也不是写段落大意。作为题目既要有"题"，又得有"目"。"题"是本意，有提纲挈领的意思在里面，着重"精短"；而"目"则在形式上多一些考量，我想至少还得有"好看"的成分在里面。题目不能太长了、太啰嗦了，否则不仅给人不像题目的感觉，而且也影响题目自身的美观。如话题是"灯"，你拟成《灯是我成长的路标、学习的伴侣和孤独时的知己》就不伦不类了。同样，话题是"交谈"，你拟的题目是《周末的一个黄昏，我和数学老师的一次促膝长谈》，既不精短，也不美观，表达意思也很啰嗦，不可取。

三、话题作文的拟题要谋求"精美、活泼"。作文本身是以给别人读为主的，而考试作文，就是为了让别人认同你。所以形式上带给别人美的印象，就很重要了。上面讲到话题作文的拟题要"精短、凝练"，当然也能体现形式美，但是真正要形成的美的内涵应该是更深刻的，"精美、活泼"是一个基本要求。"精美"是"精致"，用字用词用句，都要充分考虑这一点，在力所能及的情况下，适当在文章题目中使用较为抢眼一些的字、词、句，有助于体现这一点；再者，要体现"活泼"，要善用修辞（比喻、拟人、引用、双关、对比等）。如上面有的同学在"家"这个话题中用《家，一碗姜糖水》就是比喻形式的拟题，非常生动活泼，而有的同学拟的《家，让人放"心"的地方》，就是采用了双关语，都变生动了。

四、话题作文的拟题要力求"精妙、含蓄"。含蓄，显得有深度；而有深度的作文，既能体现作者的水平，又能体现文章的质量。尤其是空间极大的话题作文强调表现"个性"，鼓励抒写"心灵"。文章浅了，在万木丛中就难以显现出来，所以追求文章的深意，是一个永无止境的话题。话题作文拟题的"精妙、含蓄"的要求，其实就是为了体现这一点。"精妙"侧重一个"妙"字，如话题是"家"，一个同学拟为"家·牵挂"就很"妙"；而同样的话题，拟出《班家》《"半"家》《三双眼睛》等都是"妙"的体现。"含蓄"是既要"含"又要"蓄"："含"给人以"宝在其中"的感觉，而"蓄"则给人"品味不尽"的空间想象。"家"这个话题，拟成《我真想有个完整的家》《家，生命的延伸》显得既"精妙"又"含蓄"。

"满园春色关不住，一枝红杏出墙来"。题目，就是你的"红杏"，是你向墙外的人们透露你"满园春色"的"红杏"。在这个时候，你总不该连向别人展示这一点的勇气和欲望也没有吧？或者，最好的"红杏"你不拿，偏偏把一枝干巴巴的杏枝伸出墙外，谁会注意呢？更糟糕的是，别人把你的满园灿烂的春色都给忽略了。

给阅读者送去门楣清风
——针对话题作文开头策略艺术谈（上）

> 开头一字值万金。文章的开头,就是要给读者送去最美的第一印象,就是要让你的文章在一开始就能牢牢地抓住读者。"玉碗盛来琥珀光"——你打算用什么样的方式,给读者送去开眼的"琥珀之光"呢?
>
> ——策略小解:玉碗盛来琥珀光

在古戏剧舞台上,人物登场前,通常在幕后会先传出一声叫唱,在古戏剧艺术中被称之谓"叫板",亦即先声后人的人物亮相艺术。越剧《红楼梦》里"林黛玉进贾府"一场戏中,正当黛玉同外祖母、姑娘们以礼相见时,只听得后院飘然一声笑语:"我来迟了,不曾迎接远客。"之后,一位"丹凤三角眼,柳叶吊梢眉"的少妇出场,这就是王熙凤。戏剧艺术里头惯用的人物亮相艺术,俗称"先声夺人",往往能产生独特的艺术效果。

我想,这"独特的艺术效果"其实就是吸引观众注意力,有一种立竿见影的效果。事实上不光是戏剧里头,写作与作文里头也讲究"先声夺人",不过在这里,说成是"开头效果"的话,更容易让人明白。

读过列夫·托尔斯泰的《安娜·卡列尼娜》的人可能会忘记书中许多情节,但是"幸福的家庭都是一个样,不幸的家庭各有各的不幸"这开头的一句,让每一个读过这本书的人都难以忘怀。"'你回头看那个刚进门的男的,就是那个瘦高个穿运动衣的。'赵蕾对周瑾说。"当代著名作家王朔在小说《给我顶住》中的这个突如其来的开头,将人一下子就扯进了情节中,我想读过的人谁也不会否认。同学们可能读过网络青年作者蔡智恒的《第一次的亲密接触》,开头的似文非文、似诗非诗的一段话，可能你早已会背了：

如果我有一千万，我就能买一栋房子。/我有一千万吗？没有。/所以我仍然没有房子。/如果我有翅膀，我就能飞。/我有翅膀吗？没有。/所以我也没办法飞。/如果把整个太平洋的水倒出，也浇不熄我对你爱情的火焰。/整个太平洋的水全部倒得出吗？不行。/所以我并不爱你。

简单地说，开头就是作文为读者设计的"第一印象"，怎样留下这"第一印象"？因文而异、因人而异、因表达的具体需要而定。或新、或朴、或浓、或淡、或悬、或平、或华、或雅、或情、或理、或事、或景等，不一而足。但是俗话说："什么样的脑袋什么样的帽，什么样的脚板什么样的鞋。"所以重要还是一个"适合"的问题。以下是从中考满分作文中提炼出的十种话题作文的开头方式，略作小析，供大家作文开头时参考。

半亩方塘一鉴开——"开门见山式" 开头风格

如话题是"考题"，一位同学以《这不也是一道考题吗？》为题作文，作文的开头这样写道：

"唉！"我垂头丧气地整理着书包。"又考砸了！"分，分，分，这可真是我的命根啊——就在昨天晚上睡觉前，妈妈还一脸严峻地坐在我的床头说："晓晓，前几次妈可是都原谅你了啊，这一次你无论如何都不能再给妈的脸上抹黑了啊！——想到这里，看到眼前这不起眼的分数，一股凉气从脚底一直浸上来……

这就是"开门见山式"的开头，因为它一开始就直接把考试的结果，"我"的心情，"我"为什么会有这样的心情，等等，交代了出来，往下，其实大家能很清楚地明白作者面临的困境了，所以大家再往下读，都会带着担心的心态去观察事态的发展了。

"开门见山式"的开头效果是较明显的，往往能让读者一接触文章，就能心里边清楚，不会感到费事。有时这种方式也同简洁联系在一起。如话题"我"

中，一位同学以《我是女孩子》为题作文，开头就是一句话："我是一个女孩子，我喜欢。"开门见山，简洁明快，女孩子率直天真的性格一下子就跃然纸上了，效果很好。

天街小雨润如酥——"和风细雨式" 开头风格

如话题是"日子"，一位同学以《在即将离开母校的日子里》作文，在文中，他主要表达对郭老师的敬意和留恋之情，开头以平平淡淡开始。他写道：

郭老师其实比我还要略微矮一点，论长相，郭老师确实不怎么样，也许初次见他的人还会感到他有点丑——像我当时第一眼见到郭老师时也曾有过这种念头。不过这并不影响什么，郭老师自己好像从来就不在意自己的长相，同学们也似乎从来不去想"这个老师有点难看"这个话题。但不知为什么，郭老师在我们班同学们的心目中分量很重，尤其是快要离别的日子里，我们越来越不想离开他了。真的，班上好多同学都说有这种想法。

这个开头看起来很平淡，但是读的人都能感受到，就在这看似平淡的叙述中，一股对老师由衷的敬意正油然而生。而这种开头的妙处也正在这里：它不同别的方式争艳丽，也不同别的方式争气势，而是以"天街小雨"悄悄来的方式，达到"润物细无声"的效果。平和宁静的对话，娓娓道来的故事，自然恬静的独白等，都属于这种"和风细雨式"的开头方式。

铁马冰河入梦来——"直击心扉式" 开头风格

如话题"失去以后才知道"，一位同学以《让湖群不再消失》为题作文，这位同学以这样的方式开头：

请大家先看一组数据：湖北素有"千湖之省"的美誉，1949 年时，大、中湖泊多达 1060 个，40 年过去了，如今只剩下 300 来个。20 世纪 50 年代长江中下游的湖泊面积还有 22000 多平方千米，而到 20 世纪 80 年代中期，竟然只剩下 12000 平方千米。面对眼前触目惊心的数字，我的心不免一颤。北方已经饱受沙侵风袭，旱灾连绵，而南方如今水患不断的同时，连素有"生态调节器"美誉的湖泊也正承受如此巨大的灾难，难道我们美丽的祖国有一天真的会让我们无存身之地吗？

这就是一个"直击心扉式"的开头。它用数字，用掷地有声的语言，用真挚的情感，把一个对祖国生态深度忧虑的话题摆在了读者面前，和读者产生强有力的共鸣，是很有效果的。有时候，这种开头话语简短，也能收到奇效。如话题是"母爱"，一位同学以《母爱好沉》为题作文，开头很是不俗：在许多人心中，母爱是伟大的代名词，可是在我心中，"母爱"这两个字的份量好沉好沉……

旧时王谢堂前燕——"回忆追昔式" 开头风格

如话题是"苦与乐"，一位同学以《初中生活的苦与乐》为题作文，开头就以回忆追昔入笔：

30 天、29 天、28 天……最后一天，是的，现在就是初中生活的最后一天了。今天，我三年的初中生活就要画上一个句号了。想到这里，我的心情便难以平静。回首三年的一千多个日日夜夜，有过考试失败后的沮丧，有过竞赛拿奖的骄傲，有过操场上尽情尽兴的角逐与嬉戏，有过联欢会上彻夜不眠的狂欢，有过林荫道上推心至腹的倾心交谈，有过毕业留言簿上难舍难分的依恋……

这是一个比较典型的"回忆追昔式"的开头方式，我们平常所说的倒叙的开头，也属于其中的一种。如话题是"友"，一位同学以《照片》为题作文，开头也是这种方式：

我是一个粗心大意的人，很少整理和保存相片，但有几张照片我却一直很爱惜，总是和我最喜欢的几本书放在一起。因为这几张照片全是我同郭峰的合影，而现在，郭峰早已随他爸妈移民加拿大了。照片，就成了我与郭峰一段美好相处时光的永久见证。

一些同学在采用这种方式时，往往说"大家都有往事，我也不例外"这样的套话，这样效果不太好。

给阅读者送去门楣清风

——针对话题作文开头策略艺术谈（下）

> 开头一字值万金。文章的开头,就是要给读者送去最美的第一印象,就是要让你的文章在一开始就能牢牢地抓住读者。"玉碗盛来琥珀光"——你打算用什么样的方式,给读者送去开眼的"琥珀之光"呢?
>
> ——策略小解:玉碗盛来琥珀光

总把新桃换旧符——"巧妙援引式" 开头风格

如话题是"家",一位同学以《家，一碗姜糖水》为题作文，开头就采取了这样的方式。她写道:

家到底是什么？有人说"家，是一个波平浪静的港湾"，有人说"家是一个酸甜苦辣五味俱全的罐"，也有人说"家是永远让你做好梦的温柔的摇篮"，也有人说"家是一个也有春夏秋冬，也有春花冬雪，狂风暴雨的独特空间"，更有人说"家，是让人永久放心的地方"，还有人说"家，是一段不堪回首的心酸的记忆"。家，到底是什么，我的理解是：家，是一碗冒着热气的姜糖水。

这就是一个"巧妙援引式"的开头方式。毕竟有好多东西可以借用过来，为自己的文章服务，这位同学就借用或改造嫁接一些似曾相识的内容，在此基础上形成颇有创意的开头，效果往往不错。还有同样写"家"的话题，一位同学这样开头:

"幸福的家庭个个都一样，而不幸的家庭却各有各的不幸。"这大概是列夫·托尔斯泰先生的话吧，我同好友冰的不幸和幸却出奇一致：我们都是单亲家庭，我们的妈妈都离开了我们重组了新家，三年前，我们先后有了生命中的第二个妈妈，而且，我们的新妈妈对我们都异常体贴。

这个开头就是从托尔斯泰的一句名言说起的，效果很好。这种方式开头，在议论文中运用可能更好。

踏花归去马蹄香——"闲笔漫游式" 开头风格

如话题是"发现"，一位同学以《我发现生活只有今天》为题作文，开头显得非常悠闲与从容：

"哎，你说什么东西一直在到来，却从来没有真正地到来过？"表哥慢条斯理地向我说出这个似问非问的问题时，我正在埋头构思一篇关于理想的作文，并随手写下一些零零碎碎的关于明天的计划。大半个暑假我都在这样的计划中过去了，很多东西记在纸上随处一丢，却很少认真执行过。

这就是一个"闲笔漫游式"的开头，明明表哥的话很明确，实则答案是"明天从来就没有真正来过"。这样"生活只有今天"的立意就跃然纸上，但作者故意"不着边际"地"闲扯"正在做的事，其实是欲擒故纵之举，看似漫不经心，实则句句紧扣中心意图；看似"闲扯之笔"，实则一句也不能少。这样，让读者不知不觉就跟着进入了"埋伏圈"。当然，这是以内容为主的漫笔，有的漫笔更表现在语言形式上。如话题"音乐"中，一位同学以《乐缘》为题作文，开头就是这样：

音乐，是艺术的结晶；音乐，是灵魂的展现；音乐，体现着人的心灵；音乐，表达着人的向往；音乐，陶冶着人的情操；音乐，滋润着人的胸襟……我爱音乐，我珍惜我的音乐之缘。

野渡无人舟自横——"情境渲染式" 开头风格

一张照片，能引起一段美丽的往事；一首老歌，能唤醒一段沉睡的记忆；一场小雨，能滋润一段辛酸的情感。这就是触景生情。在作文开头中，以这种方式开头的也大有人在。如话题是"窗"，一位同学以《外婆家阁楼上的小木窗》为题作文，这个开头这样写道：

周日的黄昏，又下起了绵绵小雨。窗外，到处是雾蒙蒙的一片，树叶，小路，昏暗的灯光，还有远处细雨中的屋檐，还有雨中走着的行人……不知怎的，我突然感觉到眼前的这种景象似曾相识，对了，是在江南的老家，在外婆家的小阁楼上，不，更准确地讲，是在外婆家阁楼的小木窗口。

这就是一段触景生情式的开头，作者以眼前之景为由头，展开联想，进行渲染，成功营造出一种怀念的气氛，为下文着笔写对外婆的思念埋下了很好的伏笔。再如话题是"颜色"，一位同学以《红色，让我欢喜让我忧》为题作文，主要写世界杯比赛中，韩国人以中国人最喜爱的红色作为助威色彩，帮助本国球队获胜，而借此批评中国球迷过于松散不足。开头也是以情境渲染的方式，他写道：

那些狂欢的声音又在我耳畔响起，那鲜艳的色彩又在我眼前荡漾……那些日子，只要我一闭上眼，耳朵里就是这种声音，眼前就是那刺眼的色彩——那是中国足球再次输给韩国的日子，那是中国人输掉了自己的国色的日子。

一石击破水中天——"悬念突兀式" 开头风格

如话题是"幸福"，一位同学以《幸福原来就是这种感觉》为题作文，文章里写他在父母离异后，又随父亲重组新家后的一段日子，从对后母的不理解、抵触，到慢慢和平相处，再到接受这一段独特的情感经历，表达了对继母的真挚情感。但是文章开头让你大吃一惊：

你们就是自私！自私！自私！你们是天底下最自私的男人和女人，你们以为你们这样做就能让我理解你们吗？没门！我永远只爱我原来的家，在这个屋子里我永远不会有幸福的感觉的……我再一次歇斯底里地面对他们俩大叫起来，其实是在咆哮。而每到这时，爸爸总是一个劲儿低头抽闷烟，而后妈呢，我知道，她一定又躲藏在厨房里悄悄抹眼泪。活该！

这就是"悬念突兀式"的开头，通过这样一段话，把读者的胃口一下子给吊了起来。这种方式在议论文中，主要体现在让话题掷地有声展现出来。如话题是"性别"，一位女同学以《女孩子怎么啦？》为题作文，在开头瞄准话题就开火：

男孩子是宝，女孩子是草；男孩子是男子汉，女孩子就什么也不是了；男孩子有出息，女孩子没出息；男孩子是条龙，女孩子是只兔。这都是谁说的？为什么要这样区别男孩和女孩？我就不信，我想告诉所有的人，我是女孩，我不信男孩天生就比女孩强，我——不——信！

胜日寻芳泗水滨——"设问求答式"开头风格

以设问的方式，在开头中是相当常见的，这种方式既能吊读者胃口，也容易提纲挈领。如话题是"时间"，一位同学以《时间，失而难得的珍宝》为题作文，在开头，就是以设问开始：

时间，是什么？我问清晨，清晨低语，说你要留心脚下的步履；时间是什么？我问正午，正午低语，说你要留心脚下的步履；时间是什么？我问黄昏，黄昏低语，说你要留心脚下的步履。时间到底是什么？当黑夜过去，当清晨再次降临，我知道：时间就是我们脚下正在前行的步履。

以这种方式来开头的，还有只问不答，而用全篇作答的。如话题是"留下"，一位同学以《我在初三留下什么？》为题作文，开头就是这样：

初三，老师曾对我们语重心长地说，那是人生美好的一站。而如今，我的初三就这样要离我而去了，面对正在离我远去的初三的背影，我在心中默默问自己一声：初三，你给自己留下了什么？

同样的话题，一个同学以《"非典"给我们留下了什么？》为题作文，开头也是以这种方式，他写道：

今天，我坐在宁静的考场上，考场外，抗击"非典"的硝烟正在消散，但是，我却一直在心里想向生活中的人们提一个问题："非典"的发生，它给我们留下了什么？是长响的警钟？是危险的暗示？还是更大灾难来临的提醒？

杖藜扶我过桥东——"话题嵌入式" 开头风格

话题作文的话题、材料、提示语等，通常也是用来辅助文章开头的。"古木阴中系短篷，杖藜扶我过桥东。"这是南宋志南和尚《绝句》中的诗句。在话题作文中，巧妙地借用"话题""材料""提示语"这些十分有用的"藜杖"，作为"过桥东"的工具，难道不是就地取材的妙举？这种方式是中考优秀作文中用的最多的一种。

如话题是"水"，一位同学以《母爱如水》为题作文，开头就紧扣话题点明"水"与"母爱"这两者之间的关系：

水是生命之源，从小，我就对水有一种莫名的情结，一种说不出来的依恋感。小时候学习游泳，别的小朋友总是死活不肯下水，而我，总是第一个往水里跳。水，温柔细致，能洗去人们满身的疲倦，能消减人满心的劳累。我爱水，更因为在我的心目中，水如母爱，母爱如水。

这个开头就很好，既抓住了话题，又点明了水与母爱的关系，还表明自己的文章意图。同话题，一个同学以《我与水》为题作文，开头写道：

我与水自小就存在着一种特殊的关系，因为我的家就在水上，我属水，我的乳名就叫"水娃子"。

这不光是嵌了话题，而且嵌得非常高明了。

"兰陵美酒郁金香，玉碗盛来琥珀光。但使主人能醉客，不知何处是他乡。"这是李白写的著名的七绝《客中作》。兰陵的美酒散发着郁金香的芬芳，晶莹剔透的玉碗映射着琥珀色的酒光，真是让人垂涎欲滴，未饮先醉。也难怪，有这样好的酒和美好的感觉，谁会拒绝开怀畅饮？谁会拒绝一醉方休？李白这首诗让我想起作文的开头，因此，在学生动笔之始，我喜欢口中轻轻地小咏这首诗，尤其是前两句。

其实让别人读自己的作文，有时也就好比是在与人共饮——作文就是桌上的酒。饮酒是要有一点气氛的，好的饮前气氛，能让人酒欲大开，非达一醉方休的痛快不可。而这个饮前的氛围，就好比作文的开头。虽然不一定都要有"郁金香"的芬芳，虽然不一定都要有"琥珀光"的诱惑，但是气氛是一定要营造的，而且要营造好，或浓或淡，或朴或华，全在于作文表达的需要了。

当然，最好是心中常存"玉碗盛来琥珀光"的念头，常抱"金香袭人"的念头。

把作文写"好看"

——针对话题作文的随意写作与兼顾布局策略艺术谈

"增之一分则太长,减之一分则太短……",楚国大学士宋玉曾这样评价"东家之子"的绝代美貌。这种美貌其实就是恰到好处。作文的布局也须讲究"恰到好处",只不过,"东家之子"是天作之巧,而我们作文却须有设计之妙。

——策略小解:一分腰肢一分颈

话题作文在动笔之前和行文之中,还有一项工作是绝对不可以忽视的,即结合具体情况对将要和正在写作的内容进行谋篇布局。

谋篇和布局往往并列着说,其实是共同表达着一个完整的意思,"谋"是"策划","布"是"布置",合起来就是"在策划的基础上设计和布置文章"。许多人体会这个步骤在作文中的地位时,通常把它跟人们盖木头房子搭框架联系起来看,这非常有说服力。当然,现在除了一些少数民族地区,人们建房多不以木头为主了,有些同学不好联想,生活在大都市的同学们就体会多了,就是和现在建设高楼大厦也很类似,即都得先把整个建筑物的框架建好了,再往里面装填内容。在城市中多数的同学住在高楼大厦里,这样的房子在框架里面,你还可以随心所欲按照自己的意愿来改造和设计屋子的布局。这就是框架给内容的填充带来的方便。作文与建房也很相似。

谋篇布局的核心是两个字:"合理"。房子的布局设计方案是无穷无尽的,那么一篇文章的谋篇布局的方式也应该是无穷无尽的,但有几个基本的不能忽视。

第一个不能忽视的,是谋篇布局应体现所写内容的表达需要。

如你正在讲一件同妈妈有关的事，结果，讲着讲着，突然讲别的了，这就让人莫名其妙，是不行的，所以既要保证行文的流畅性，又要保证内容的相对完整性，该断则断，该连则连，该并则并。

第二个不能忽视的，是谋篇布局应体现所使用文体的特点需要。

不同的文体，谋篇布局上有许多不同。拿记叙文来说，内容的流畅性和完整性是它的特征；而议论文的前后逻辑、层次很突出，在布局时就要体现明显的逻辑推进，体现议论的层次性，否则头发胡子一把抓，就是失败的布局；说明文讲的是条理性；随笔体注重的是关联性；写景散文注重的是点面结合；等等，布局时要考虑到。

第三个不能忽视的，是谋篇布局应体现个人表达的特长需要。

其实写文章，写多了以后，在谋篇布局上有一个熟能生巧的过程，往往会形成较为偏好和稳定的习惯，这也好比不同建筑设计师的设计风格不同一样。所以，在作文平时训练中，也要有意追求自己喜欢的布局形式，时间长了，相对稳定了，在考试作文时，就省事多了。

第四个不能忽视的，是谋篇布局应体现读者阅读的习惯需要。

作文是写给别人读的，不能自己心里明白就行，还得为读者想一想。怎样想？也是两个字：方便。比如说，分段太长，读者半天读不完，没有小憩的时间。再比如说你有个过渡句的话，别人会更容易知道你下面将说什么。

这就是文章的谋篇布局。说到底，关键是要结合内容、文体、个人和读者等方面的需要来考虑。"文章是我写的，我想怎么写就怎么写。"这本来是有道理的，但关键是要考虑一个"可读性"的问题。具体谋篇布局的基本模式有没有呢？以下提供几种以供参考。

拳头式——这种布局格式常用以记叙文。往往以一个较为明显的核心内容为主，形式上分段较粗，表现为一个有醒目地位的主体段外加上一两个内容简洁的附属段落，简便但较实用。

如话题是"课堂"，一位考生在考场上以《这节课，我真难忘》为题作文，主要内容写新来的语文老师为了提高"我们"的学习效率，在语文课上弹起了脚踏风琴，把单元学习内容编成了一首《巩固歌》，在教"我们"唱歌的过程中，提高了"我们"的学习兴趣，不知不觉中巩固了单元学习的内容，接下来

"我们"考出了不错的语文成绩，而且这节课还改变了不少同学对上语文课的态度。此作文整个布局只有三段，第一段叙述突如其来的生动的一节课的活动情境，接下来，用简短的一段文字叙述了后来考试的效果和同学们的变化，最后一段点明话题，揭示了这节课的特殊意义。这样的布局虽然简单，但是却很自然，内容与段落之间好比一个握紧的拳头，比较合理，但这种布局时有失重之感。

纺缍式——这是最常用的，也是最为严谨的一种布局格式。各种文体都较易采用。形式上以五段、六段、七段为最常见，以五段为例，通常是一头一尾，第二段稍详或略，第三段详写（重点段），第四段略或稍详。这样形成一个流线型、合理的纺缍形状。

著名教育改革家魏书生老师在训练学生作文时，常对同学们提示用这种布局格式，效果特别好。如话题"错事"，一个同学作文开头之后，第二段略写事情的起因，第三段详写事件的经过，第四段再略写后来的情况及"我"的心情，最后一段点明话题。看起来有些呆板，实际上各方面相当合理。再如话题"周末"，一个同学以"周末，我不开心"为角度作文，开头之后，第二段略叙被妈妈强行叫醒的烦恼，第三段详叙整个上午的沉闷心情，第四段再写晚上家教回来后的疲惫不堪，最后水到渠成点明话题深意，行文相当严谨。可谓有头有尾，详略得当，重点突出，中心明确。不足之处是不够灵活。

哑铃式——这通常是一种重点内容两分式的布局格式，议论文用的较多。如话题"承诺"，倘若以"承诺是一种美德"来作文，以议论为体裁作文较好。写作的时候如按常规议论的逻辑层次，在开头先引论，提出中心论点或中心话题，第二段就进入论证第一重点部分——反面阐述"不守承诺不是真君子"的话题，第三段作为论证的缓冲和过渡，第四段则进入论证的第二重点部分——正面论述"守承诺是一种美德"的话题。最后一段则顺理成章归结论证。这样以第二段和第四段为主体，全文在结构上就形成了一个严谨的哑铃式的布局格式，既符合议论文论证的逻辑性，又符合了一般人的阅读心理。有时内容上以明显的"事""感"为主要特征的随笔体文章，也可以写成这种结构形式。

随笔体大都是在某种生活现象或事件的基础上有感而发，一般"事"与"感"经纬分明，所以通常以哑铃式的布局格式较为简洁明朗。这种格式的弱点是通透性过强，有一眼即穿的感觉。

鼎足式——这是一种并列式为主行文布局格式，多种文体都较常用。新版语文教材中选入的《论求知》，还有《哨子》《我的理想》等都是这种格式，非常适合读者的阅读心理：轻松。西方人很喜欢这种行文布局格式。

如话题是"感悟生活"，一位同学从"人生如棋"的角度作文，一头一尾之外，第二段写"人生如棋——棋盘里洋溢着生活的气息（写从容）"，第三段写"人生如棋——在生活的战斗中充满着成功的喜悦（写拼搏）"，第四段写"人生如棋——在奋斗的棋盘里时常有失败降临（写失败）"，第五段写"人生如棋——棋场里素有'举棋不悔真君子'的规则（写坚定）"，第六段写"人生如棋——在生活的棋盘里无处不有机会与挑战（写把握）"，等等，这就是典型的多足并立的布局格式。当然可以是三足，也可以是四足、五足、六足，甚至九足等，只要合理都行。记叙文也常用，如"家"就可以以"民族之家""特区之家""班级之家"和"三口之家"来并足。

另外，还有"抱竹式""葫芦式""标签式"以及书上常提的"冰糖葫芦式"等。文章的谋篇布局其实是无穷无尽的，前面已经打过比方，有谁听见过建筑设计师们讲建筑的样式已经快想完了吗？所以，文章的谋篇布局是永无止境的，只要你在"合理"的前提下多动脑子，每篇文章就都能超越自己、超越他人。

楚国才子宋玉曾在《登徒子好色赋》中这样形容邻家"东家女子"："东家之子，增之一分则太长，减之一分则太短；著粉则太白，施朱则太赤……"看起来这位宋玉口中的"东家之子"的美貌真是"恰到好处"。文章虽然不必要求尽善尽美，但接近于"恰到好处"的"自然就位"也该是要追求的，该厚该薄，该重该轻，该断该连，该承该衔，该合该分，该并该拆，等等，都应该是在"合理"二字上做文章，不能为了追求形式上的标新立异，把好端端的内容一分为二、一分为四，或者不管你愿不愿意，就是一个大混沌，让人读得云里雾里。这都是不可取的。

"一分腰肢一分颈"，这也是一句用来形容美女身材恰到好处的话，因为是俗话，听来易解又好记，我们不妨把它作为我们谋篇布局时的一个心中时有的提醒吧！

详略，行文的节奏
——针对话题作文行文中轻重详略的平衡艺术谈（上）

> 一篇文章,选取的主要材料再好,也得有个陪衬,要不然就会有"一花独放难为春"的遗憾。所以选取材料要注重详略的安排。详略安排到位了,同样的材料对中心表现的力度,也许就大不一样。
>
> ——策略小解:一花独放难为春

对于话题作文的取材，平时我们理解较为笼统，其实它至少包含四重境界：一是"选"——"满园春色情独钟"，即大致范围中确定目标；二是"拣"——"弱水三千取一瓢"，即目标范围的明确筛选；三是"剪"——"除却浮云始见山"，即具体材料的去粗存精；四是"配"——"一花独放难为春"，即已定材料的合理搭配。

而第四重境界的本意才是"组材"，但奇怪的是许多人把这个重要环节理解得过于肤浅了。换言之，我们平时选取材料和运用材料并没有达到最高境界。有人把这个过程归属于"布局"这一块，其实也不是完全有道理的，布局主要是从文章的整体结构形式的安排上考虑问题的，本质还是从外部形式的完美性上作文章。而"组材"的本质是从内部找到材料之间的位置关系。到手的材料再好，再能表现中心，还是有一个合理搭配的问题。

其实这里面也好似几个各有所长的人合起来对付一个对手，这个对手就好比是你的文章中心，而几个人就好比你最后确定的几个材料。你怎样把面前这个人打倒，而且打得痛快呢？你这几个人之间谁轻谁重、谁前谁后、谁主谁次等方面你都得有个安排。要不然，你推我搡，把面前这个很容易打倒在地的人也打不倒。例子虽然简单了一些，但其实是很能说明问题的。最后到手的材料，合理或巧妙安排它们之间的位置关系，是一件很具体的工作，但却是一个非常重要的环节。

朱自清的散文《背影》大家都熟悉，我们以这篇文章为例来说明组材的重要性。《背影》虽然只是一篇千字文章，但文章中涉及的事其实不少，如"为祖母料理后事""父亲失业""浦口送别""同脚夫讲价钱""送我上车后为我拣座位""翻月台买桔子""父子告别""父子关系回忆""父亲来信"等，近十来个。而如果当时朱自清"拾到篮子都是菜"的话，不分青红皂白地都细写、详写，那这篇文章可能就是数千字，甚至上万字的文章了。但是这样反而不一定能像现在的这篇《背影》催人泪下。朱自清在处理这些杂乱而都与父亲相关并对表现中心有重要作用的材料时，一定是煞费了苦心。你看，到后来，其他所有的事都根据需要适当地被"处理"了：有的略写，有的一笔带过，有的稍强一点，也有好多可能根本没放到文章中来（这一点大家都能想得到）。最后，你看到了什么？最让你感动的一幕：肥胖体弱的父亲拖着臃肿不便的身躯，翻过高高的月台，去为年轻力壮而且已经为人之父的儿子买桔子。作者在这里大写特写，泼墨如云，感人至深。但是其他材料都不重要了吗？试想，没有其他材料，"买桔子"这个材料能这么打动人吗？不可能，其他材料在这篇文章中是"各就各位""各司其职"了，这些材料共同铺路搭桥、彩云烘月，最后才使得"买桔子"这个材料对文章中心的表现发挥到了极点。

材料之间其实就是"各就各位""各司其职"的关系，怎样能做到这一点？我想，原则上应该遵循一个"合理性"，追求一个"科学性"，力达一个"巧妙性"。以下以这"三性"为原则，以中考中的优秀作文为例子，略谈文章中详略搭配的几种关系：

第一种是"花与叶的关系"，即陪衬关系。红花衬绿叶的道理，是谁都懂得的。在作文中，材料与材料之间有主次和轻重之分，为了突出一个材料，必须调用另外一个或几个材料来作为陪衬，使主要材料更具有表现力。

陪衬通常有两种方式：一种是反面陪衬，即反托；另一种是正面陪衬，即正衬。

据说古希腊的奴隶主贵妇们出门时，就经常采用这两种陪衬方式。她们会专门从女奴中挑选那些长得最为丑陋的，让她们衣着普通，然后带着她们出门作随从，这样衬托出这些贵妇与众不同的高贵；而有时，她们又倒过来，从奴隶中专门挑选最美丽和俊俏的女奴，让她们个个打扮得十分艳丽，然后带着她们出门作随从，这样能烘托出她们的出类拔萃。看来古希腊的奴隶主贵妇们是把"衬托"二字用到了家。无论是反托还是正衬，目的都很明确，即都是让被衬托的对象让人产生深刻的影响。

如话题是"宽容"，一位同学以《继父，你的胸怀是大海》为题作文。他先写了自己父亲病故以后，本来同妈妈生活得好好的，一个男人却从中插了进来，反感情绪由此而生。结果意想不到的是这个男人竟然不久以后成了自己的继父，于是更加不满了。接下来，他连续用几件小事，写自己在新家中屡次故意借机制造隔阂，但是在一次突如其来的大病中，"我"享受了在亲爸爸那里也没有享受到的无微不至的关怀。在这件事中，"我"想到了自己的盲目幼稚，对自己平时的霸道和蛮横后悔不已。对比之下，发现继父原来是一个"有着大海般胸襟"的真正男人，接纳他的情感由此而生。在这篇文章中，前面"我"对继父无礼的几件小事，都是刻意安排略写，为后面写继父在"我"生病时对"我"的关怀这个重点内容作反衬。大家想，没有这几件小事反衬，后面的重点能有这么突出吗？显然不可能。

同样话题"宽容"，一位同学以《我体会了"朋友"的真正内涵》为题作文。文章写一个朋友对"我"宽容的几件事，共写了三件事，前两件都只是一些小事，体现了在"我们"交往的过程中，朋友对"我"的宽容。第三件事是一件大事，在一次影响较大的竞赛中，"我们"俩人同时作为候选人参加决赛，然而最后"我"却输给了这位朋友，输了比赛"我"认为他对"我"的一切都是虚伪的，便当众羞侮了他，并屡次不理他的解释。但是事后，"我"终于从这件事中走了出来，认识到从这件事中并不能说明他没把"我"当作朋友，于是"我"再度体会到了朋友的宽容，并承认了自己的自私。那么没有前几件略写事件正衬的话，朋友的宽容的就不会具有说服力，这也是详略之间陪衬关系处理得当的结果。

　　第二种是"将与士的关系"，即统领关系。好比一次战争，为了打赢这场战争，一位将军率领着一些士兵去作战，那么将军与士兵之间是必然的统领与被统领的关系。也就是一个材料统领着另外几个材料，被统领的材料与主材料之间有着必然的某种联系，与主材料一起共同承担着任务。当然，从详略上讲的话，除主材料之外，其余材料都是以略写的方式出现在文中的，它们不可或缺。

　　如前面提到的朱自清先生的《背影》，其文章中出现的"为祖母料理后事""父亲失业""浦口送别""同脚夫讲价钱""送我上车后为我拣座位""父子告别""父子关系回忆""父亲来信"等八个材料与主要材料"翻月台买桔子"之间存在着这种关系。一方面，它们是一个表现中心的共同整体；另一方面，前面八个材料只能处于被统领（略写）的地位，这八个材料少了哪一个都不好，都会影响"作战"。所以才有了这种详略关系，才能使得"父子情深、父爱沉甸甸"这个中心表现得淋漓尽致。这种详略搭配的方式在经典的作品中比比皆是，尤其体现着高超的驾驭材料的能力，是大家努力的方向。

　　中考优秀作文中，这种详略搭配的方式也不少。如话题"交往"中，一位同学借鉴《藤野先生》的行文方法，以"相识""相处""相交""相离"为线索作文，写自己与一个中国香港来的同学的交往经过。核心事件讲的是在中国香港同学的鼓励下，"我"重新自信起来，并参加了一个显露自己胆量的公共活动，获得了好评的经过。文章写得很朴实，除这个中心事件外，其他记载着我们交往痕迹的几件事（包括分别）都是略写，但是却也不能少，因为大大小小的事不仅是一个过程的反映，而且都掺杂着"我"对这位已经不在身边的朋友的深深怀念。那么这种详略安排的方式就是比较恰当的。

详略，行文的节奏
——针对话题作文行文中轻重详略的平衡艺术谈（下）

> 一篇文章,选取的主要材料再好,也得有个陪衬,要不然就会有"一花独放难为春"的遗憾。所以选取材料要注重详略的安排。详略安排到位了,同样的材料对中心表现的力度,也许就大不一样。
>
> ——策略小解:一花独放难为春

第三种是"母与子的关系"，即包容关系。有些同学会问：好多文章就只有一件事，从头到尾，从开始到结束，难道这样的文章就不存在详略搭配的问题吗？答案是同样存在。因为每一件事都是由多个部分或情境构成的，而且单从记叙文的角度而言，本身还存在着"起因""发展""高潮"和"结果"等要素，那么每一个环节，根据需要，在叙述中的详与略、轻与重、主与次都应该合情合理。这种详与略的搭配就像是现实生活中的母子关系一样，存在着包容与被包容的关系。

譬如你写《初三生活中最值得怀念的一件事》，你通篇就写这件事的经过，那么，在这件事的具体发生过程中，最值得你写的，你就多写几笔，不值得你多写的，你就少写两笔，总之是既要把事件的来龙去脉叙述清楚，不让读者糊涂，又要把主要的笔墨花在这件事中最值得大写特写的部分。如果是体育竞赛，就把主要笔墨花在最扣人心弦的部分，如果是上课就把主要笔墨花在最精彩纷呈的部分，如果是毕业典礼就主要写最感人的场面。总之，如果把整个事件都详写的话，那么详写之中该有个更具体点的详略搭配的问题。要不然，不就成为一块大铁疙瘩了？

　　如话题是"心事"，一位同学以《那夜我终于睡着了》为题作文，其实就是一件事，讲他一放学，就看见爸爸莫名其妙地在整理好久没有整理的渔具，到了深夜，爸爸把"我"从被窝里拽出来，"我"同爸爸扛着渔具来到人烟稀少的集体投资的小水库，"我"明白了，爸爸是想趁夜深人静的时候，神不知鬼不觉地打些鱼上来去卖。联系到爸爸这几天的叹息，"我"马上想到这是为了"我"后天交学费的事。可是我的良心受到了谴责，想制止，可是又矛盾，就在这矛盾的两三个小时中，爸爸顺利地打上几十条鱼。回到家，"我"难以入睡，心事重重。最终劝说一向很疼爱"我"的爸爸放回了那几十条鱼。

　　虽然只是一件事，但事情有起有伏，情节变化多端，怎样把这件事写好呢？这位同学合理处理了详略关系，他把详写的内容只放在两个地方：一是在水库边的想法，二是劝说父亲，尤其以后一个为主。其他部分都一笔带过，这样就相对处理好了在一个事件中详与略的搭配问题，文章最后写得较为成功。

　　第四种是"兄与弟的关系"，即并存关系。这种详略搭配的关系比较常见，较为容易领会和掌握。也就是几个材料之间的详略就像"兄弟与兄弟"之间的关系一样，以平等为基础，可以有稍大稍小、稍先稍后的问题，但是不分轻重、不分主次，其实是详略之间的差别较小的一种搭配方式。议论文或随笔为主要体裁的写作中，这种情况就更为常见。

　　譬如你以《诚信，是时下需要重提的美德》为题作文，那么在文章的主体部分"本论"的地方，你可以先以一个反面事例为基础来进行分析，从而提出"不讲诚信已经有泛滥成灾的趋势了"的看法，这是一个方面，也叫从反面论证；接下来你又举出一个正面事例，在分析的基础上得出"讲诚信能带来更大的效益"的论断，这又是一个方面，也叫从正面论证。那么这一反一正，两个材料既相互独立，又相映成趣，合在一起就产生了相得益彰的效果。其实在详略搭配上，这就是一种并存的关系，互为详略。

　　当然，这种方式在记叙文体中更是普遍，多是以并列结构、并列思路为主的文章。如话题是"老师"，一位同学以《恩师·慈父·良友》为题作文，他的作文中有三个明显并存的材料："一次鲁莽后，老师对'我'循循善诱，让'我'获益匪浅""一次体育课上摔伤脚踝后，老师流着眼泪为'我'包扎伤口，让'我'感动万分""一次校外野营活动，老师在树下与'我'促膝长谈，让'我'感受很深"。在行文中，这位同学以相对平等的方式安排三个材料的位置，没有明显的孰轻孰重，这样三个兄弟般并列存在于文章里的材料，就分别从"恩师""慈父"和"良友"三个侧面表现"'我'对老师的敬爱之情"。这样做，当然是没多大挑剔的。

不过说到这里还是有一点值得提醒，就是这种文章往往写不深刻，表现中心的力度一般不是很大，为什么呢？主要还是由于材料之间并列式的详略关系事实上就是淡化详略，而平均使用笔墨，那么平均使用笔墨的结果大家也都能明白，就是一个也写不透。不过话又说回来，初中阶段，在总体上大家文章都不够"深"的情况下，还是可行的。

以上为大家分析了四种行文中材料之间的搭配关系，其实应该还有许许多多的关系，需要大家在具体的写作中去发现，去创新。我们强调作文时注重处理材料与材料之间的详略搭配的关系问题，说到底，还是为了提醒大家，在作文时，不要拿到材料就写，不论是一个材料还是几个材料，都要考虑一下材料内部各部分或各材料之间的内部联系，争取最大限度地把这些部分或这些材料以最恰如其分的方式整合到一起。梁山一百单八将个个都是英雄好汉，他们为什么还要排座次呢？不就是为了让大家团结得更紧一些？

再者，注重材料之间的详略关系的搭配，更进一步说，也是寻找材料之间彼此的依赖性。说到这里，我想起一个成语：狼狈为奸。大家知道成语的意思，可不一定知道"狼"与"狈"是怎样"合伙为奸"的。虽然狼狡猾，但是狈比狼更狡猾，可是狈有个生理上的不足，就是前腿太短，跑起路来一跛一跛的，动作比狼慢多了。于是不知从什么时候起，这两种动物发现彼此合作效果更好，于是每次出门干坏事，狈总是骑在狼的背上，专门给狼出坏主意，坏事办完了，逃起来也快。

成语的意思当然是贬义了，但是"狼"与"狈"相互依赖、合理搭配、巧妙合作的方式，倒是对我们今后处理作文材料与材料间的关系有很大启发。

把最有用的纳入文章里

——针对话题作文组材需把握"有用方可"的原则谈（上）

> 组材,就是把构思的成果具体化。组材的实质是去粗存精,是"除却浮云始见山"的过程,即:把中心最需要的明朗化,把已明朗的材料细致化,把细致化的材料完美化。这是组材时需要领会的三个层次。
>
> ——策略小解:除却浮云始见山

构思的作用:一是在众多的对象里确定最终想写的对象;二是把与这个对象相关的材料扯进视线。比方说话题是"爱",究竟以谁为对象?你脑海中涌现出许多人,但你在比较中最终确定为爸爸,写爸爸什么呢?他给予你的爱太多了,方方面面的,于是你把相关的,感觉有用的,多找一些,这个过程就是构思。

构思虽然重要,但毕竟是作文的外围活动,而组材是把构思中的想法逐渐具体化的活动,是进入文章写作活动实实在在的步骤之一。材组得好,构思的意图就能较好地体现在文章中;材组不好,构思再好的意图也难以体现,甚至付之东流。这就是有些同学为什么想的很好,动笔时却感到"难产"的原因,其实是在组材这个环节上出了问题。话题作文相比于传统命题作文,在构思的漫游空间里开放了许多,在构思的最初阶段,进入视线范畴的材料会很多,因此,不仅给构思时的初步取材带来了困难,更是给作文行文的关键性阶段组材带来了难处。对于构思与取材自由空间大了许多的话题作文而言,更应该牢固树立"大范围构思,小范围组材"的意识。

接上面"爱"这个话题,你在构思阶段已经以爸爸为对象了,而且脑海中涌现了不少与此相关的内容，但现在，你必须要从中挑选出两三件事情，甚至只是一件事情来，你将用这两三件事情，或者只是一件事情来表现爸爸对你的"爱"这个主题。这就是组材。

"除却浮云始见山"——组材的实质，就是将构思的成果"去粗存精"。什么是"去粗存精"？好多同学往往在这个阶段糊涂了，对于"去粗存精"，我想应该有三个层次。即：把中心最需要的明朗化；把已明朗的材料细致化；把细致化的材料完美化。从以下历年来的优秀作文话题作文中，分析一下这些作文在组材这一环节上的独到之处。

组材第一层次：把中心最需要的明朗化——去粗存精。文章主旨乃文章之灵魂，往往这个灵魂是构思阶段已经初步定位了的。在组材的时候，就要以这个灵魂为标准，确定构思阶段大略选用的材料哪些是有用的，哪些是无用的，还有哪些是介于有用与无用之间——可用可不用的。我们的目光只放在一处：对中心有用的。这样的材料，在构思的初步阶段是并不大明确的，同其他材料混在一起，那现在，就是把无用的、可用可不用的去除，让这些材料明朗起来。

以话题"倾听"为例。面对话题，你的脑海中会涌现许多角度和材料来：听人、听自然、听音乐、听课……如果是听人说话的话，你可能想到听父母、听老师、听爷爷奶奶、听英雄报告等，究竟听什么？听谁的，构思的时候我们得初步定下来。而最终选定是听爸爸的教诲的时候，可能又会涌现许多情境：得意的时候、失败的时候、散步的时候、做错事的时候等。最终你可能又选做错事的时候，因为你感到那一次"倾听"是最令人难忘的，于是就这么决定了，但是到要动笔的时候才发现，这事也很麻烦，不知从何下笔，原来，与这事混在一起又同中心不相干的内容多着呢！如周末放学时王晓请"我"帮他一起打扫卫生，放学的路上"我"的自行车坏了，于是一起去修车，等修车的时候，旁边有个网吧，于是"我们"第一次进去了，当天晚上"我"回去晚了，撒了谎，但第二天犯了瘾的王晓又来约"我"，"我"经不住诱惑，又去了网吧，接着就是偷着拿家里的钱，再接着就是爸爸终于找"我"谈话了……主题早定了，内容早定了，可是为什么还有这么多的内容呢？其实，上面说的这么多都与中心关系不大，充其量只是一个"起因"而已，而这些在作文时只要几句话便可"完事"。

本文的核心内容是什么？两个字：谈话。为什么谈话？在什么情况下谈话？具体怎样谈话？谈话中"我"的心情如何？谈话后"我"的感受怎样？这些才是与中心相关的，而即使是这五方面，也只有"具体怎样谈话"才是本文最核心的内容，其他都可略写、少写、次写，甚至不写。这样"具体怎样谈话"才能明朗起来，才能突出"倾听"的话题。

组材第二层次：把已明朗的材料细致化——无微不至。光把粗糙的东西去除了，把好的东西保留下来，这并不等于说就大功告成了，其实这保留下来的所谓"精的""好的"仍是"糙品"，只不过是与中心密切相关的"糙品"罢了，还要在头脑中进行深加工。所谓"深加工"，就是锁定目标进行细致化雕，实际就是锦上添花的过程，关键就是要精致。

仍以"倾听"这个话题为例子。当你把目标锁定在"具体怎样谈话"等为核心的几个内容之后，就要细心梳理怎样一步一步去写出来。"具体怎样谈话"是核心之核心，再以此为例，谈话前的气氛怎样？（有预兆？无预兆？）在什么时候和位置？（吃饭前？吃饭中？吃饭后？）（饭桌上？书房里？阳台上？楼下的小花园里？）谈话的方式如何？（从未有过的严峻？润物细无声？歇斯底里？）旁人的反映如何？（妈妈在帮腔吗？妈妈在心痛"我"吗？妈妈一言不发？）最重要的是爸爸让你"倾听"的内容：说了什么话？（直截了当的批评？和风细雨的教诲？严慈相济的诱导？）中间有什么插叙吗？（爸爸讲他小时候的事流泪了？爸爸轻轻拉起了我的手？爸爸越说越气把茶杯摔碎了？正好表妹一家过来了，不知原委的表妹插话了？）这次谈话怎样结束？（"我"向爸爸保证不进网吧？爸爸说中考结束以后陪"我"上网？正在这时，王晓打电话约"我"去网吧，"我"怎样回答他？）

当然，这只是对核心中的核心"具体怎样谈话"作一下假想式组材。而还有一些对表现中心能起到重要作用的，如"倾听中'我'的心情如何"等内容，也是该在这一环节中做腹稿的。因为"我"当时的心情是反映"倾听"效果的，没有"我"的心情变化，又如何能体现"倾听"这个词眼呢？所以像这样与中心有重要关系的都要考虑。

组材第三层次：把细致化的材料完美化——精益求精。人们常说："麻雀虽小，五脏俱全。"文章虽短，其实里面包含的内容并不少。600字也好，800字也好，都不只是从头到尾记完一件事就好了，那是初学作文时的做法。文章其实是一门艺术，写一篇文章，就好比一次极富创造性的艺术之旅。为了表现中心，为了使你的主题——作者的情感或想法能充分展现在读者面前，给读者的心灵以震撼，就得适当运用一些写作技巧或艺术手法。如核心部分的细节描写、几件事之间的过渡（你不能把几个事件堆在文中就行了）、在某个地方需要的时候事先铺垫一下、为了突出某个东西有意安排两处照应、刻意设计一处精妙的结局等。"倾听"结束时，可以以"我同爸爸相互击掌或拉勾承诺"的方式，来艺术地表现"倾听"的愉快结局等。在第二层次时，难以想这么多，但在边写边悟中，就进一步向完美方面发展了。这是组材的第三个层次，在细化的基础上追求艺术的完美性。

话题作文给了我们一个偌大无比的树林，好让我们的思维能充分飞翔其中，但是，考试作文又是一个有限制、有规则的游戏，比方说，篇幅只是 800 字，而且还有中心突出、选材合理等要求，那等于是林子的主人又在暗示我们——虽然偌大的林子给你们了，你们想飞哪儿就可以飞哪儿，但是有两点你们必须记住：一是千万不能飞出林子到外面，那很危险；二是林子中真正属于你们的可能只是一小块地方，你们可以到处去选择，但是必须尽快找到你们心中最喜欢的那一小块地方，否则时间过了，林子可能从你们眼前消失。

"林子无限好，不可全都要"——话题组材：让我们尽快找准自己心爱的小林子。

把最有用的纳入文章里

——针对话题作文组材需把握"有用方可"的原则谈（下）

> 组材,就是把构思的成果具体化。组材的实质是去粗存精,是"除却浮云始见山"的过程,即:把中心最需要的明朗化,把已明朗的材料细致化,把细致化的材料完美化。这是组材时需要领会的三个层次。
>
> ——策略小解:除却浮云始见山

在话题作文的话题面前,构思和取材时,我们会有"春色满园关不住"的惊喜。因为,话题作文给人的是一片宽阔的林子。

"让人人有话说,让人人说不同的话,让人人说自己想说的话"。这是话题作文在命题立足点上与传统命题最大的不同之处。因此,每一个话题作文的命题都是具有相当开阔的构思和取材空间的,通常是当考生面对出现在自己眼前的话题时,不再抓耳挠腮,挖空心思地去想办法找话说,恰恰相反的是,话题作文的命题总会让面对它的人一下子想到许多方面,以致于在心里总是出现左右为难、难以取舍的情况。这就是话题作文带给我们的新问题:原来我们总为无米之炊着急,现在却总是为选择用什么米下锅最好而着急了。

怎么办呢?当我们面对一个话题,脑海里一下子涌出好多想说的事情的时候,我们陷入难以决舍的境地中,我们该如何处理呢?最迅速而有效的办法是选择最容易下手的。何为最容易下手的?一句话,你感到下笔之后最有话可说的。别的不说,我们就拿"爱"这个话题,这是 2002 年北京市宣武区的中考作文话题,与此同时也有好几个省市和地区命了与这个话题相类似的话题,如"幸福""母爱""感激"等。可见这个话题是很贴近学生实际的,可以想象,好多考生拿到"爱"这个话题时，一定会感到非常轻松，因为没有人觉得这个题目"难""不好写"。紧接着跃跃欲试的考生会一下子涌出许多身边人的面庞：妈妈、爸爸、爷爷、奶奶、老师、阿姨……但是紧接着在这一个镜头之后，他们的脑海中会不约而同地面对这样一个问题：到底写谁呢？是啊，在这样的情况下，到底写谁呢？这就是矛盾，而且多数话题作文的话题都会把这样一个矛盾摆在每一个人面前。所以面对话题作文的这种情况，要冷静而果断地处理，要进行一个比较与排除的抉择：哪个对象对"我"来说有最实在的内容，就定谁——比如妈妈，"我"与她之间有好多让"我"记忆犹新的事，写起来情重、感悟深，那就定了，不必再三心二意。

联系上面的这个例子，我们显然把"最有话可说"作为了一条应变的标准。那么什么样的情况才叫做"最有话可说"呢？还是联系上面的例子，其实就是"有事可叙，有情可抒，有感可发"。什么才是"有事可叙"？即当你想到这个角度或对象时，脑海里立刻涌现出与此有关的事件来，欲把它述之笔下；什么才是"有情可抒"？即当你想到这个角度或对象时，心中不由自主有一股感动的热流在涌动，欲将之吐于笔端；什么才是"有感可发"？即当你想到这个角度或对象时，头脑中会立刻有一种深深的感触，欲把这种感触表达出来，与别人分享。这就叫做"有事可叙，有情可抒，有感可发"，围绕这个标准确立下来的角度或对象，就是选到了"最有话可说"的了。

2002年辽宁省的中考语文作文话题是"美景"。拿到这个话题，我想每个同学的心中都会高兴得不得了。是啊，在这样的话题面前，谁会感到无话可说呢？"美景"，这个话题的范畴多么宽阔。眼前的，随处可见"美景"；脚下的，无处不是"美景"；心中的，不知存有多少"美景"。你想得完吗？你可以写校园美景，也可以写家中美景；你可以写乡村美景，也可以写城市美景；你可以写物质建设的美景，也可以写精神生活的美景；你可以写实的美景，也可以写虚的美景，甚至可以写自己渴望的美景……你想得完吗？当然不能，你写得完吗？当然也不能。因此，"好话头"还得有个"好选头"，才能最终有个"好写头"。所以，写这篇文章，家庭美满的同学不妨取"家中之景"，和同学们关系相处不错的同学最好取"校园之景"，而喜欢逛书城的同学最好取"书海之景"，喜欢独处的同学最好取"心灵之景"，喜欢写实的同学最好取"路边之景"，喜欢写虚的同学则不妨取"梦中之景"。不一而足，但各取所好。

有一次，我给学生出了一个"色彩"的话题，写完之后收阅时，发现写得较成功的作文，大都是选取了最适合自己的角度来写的，而写得不成功的同学，大都是选取的角度过高、过偏等，角度是好，立意也可能高，形式也可能有创新，但就是不好下笔。如一个同学选的是"生活的色彩"，看起来好写，实际上不好下笔，"生活的色彩"是什么？有什么？具体指什么？选题的同学知其一，而不知其二，对于一个连自己都还弄不大明白的话题，能写出好文章吗？所以这就是取材时不够实际的毛病导致的。而另外一个同学写的是"我偏爱灰色"这个话题，看起来选题不好，但一看内容，才发现人家"别有用心"，也"别具匠心"。原来，这个同学是单亲家庭，在同总是爱穿灰色衣服的妈妈相依为命的日子中，他享受着妈妈全身心的爱，也在用心体会着孤独的妈妈的善良、无私和伟大的情怀。这个角度很好，写起来会如鱼得水，事、情、理都水到渠成，写出来的文章自然不会差。

也就是说，在面对众多的对象、角度或内容时，我们就好比到一个万紫千红的花圃中一样，当园主人允许我们可以选择一朵最喜爱的花时，你最好选那花朵大、色艳、香味最浓的一朵，这就叫做"春色满园关不住"，我能"万紫千红情独钟"。要不然，你在这偌大一个花圃中挑来拣去，把自己的好情绪也弄丢了，最后看别人都选中了中意之花的时候，慌忙中，结果选的是自己不喜欢的，那才是自讨苦吃。

第三编：技术探寻篇

把玩：最大化开发材料的价值

——针对话题作文的最大化开发材料利用价值艺术谈

> 假使是同样的材料,在有的人笔下,普通的材料能成为极品材料,反之在有的人笔下,绝佳的内容也会变得枯燥寡淡,表现力平平。所以,光会寻找材料还不行,关键还得善于最大限度地开发和利用材料——实现材料价值最大化。
>
> ——策略小解:柳暗花明又一村

在一次国际时装展上,一群当红女模特正在展示一款新潮服饰,只见在灯光照射下,这些服饰珠光宝气、光彩夺目,令台下观众目不暇接、赞叹不已,见多识广的评委也无法判断衣服是何种材料。展示还没有完毕,大家都开始神秘地议论起来。

展示结束时,当设计师在众丽人的陪同下走上台向大家谢幕时,他给大家的答案让人目瞪口呆:这款服饰的成本也许是世界上最低的,平均每款服饰成本大约五毛钱,因为它们的材料是用废弃的旧塑料编织袋加工而成的。

我们恍然大悟后,受到这样的启发:材料的价值并不在于材料的本身,而关键在于材料被利用后的效果,那才是衡量好坏的最好标准。的确,在作文中,尤其是在材料对文章质量起到重要作用的话题作文中,一个材料到手以后,能在作者的笔下被最大限度地开发与利用,是个非常重要却时常被我们忽略的问题。所以我们经常看到,同样一个材料,在有的人笔下,恰到好处地表现了作者的需要,而在有的人笔下,却不听使唤,甚至弄巧成拙,以致"糟蹋"了一个绝好的材料。在有些人眼里看来一个普普通通的材料,却在有的人笔下,摇头一变,一下子有了"三头六臂",变得非常有说服力和表现力。其实这种感受大家都有过，问题究竟出在哪儿呢？答案只有一个：在掌握着材料命运的作者身上。你会"玩弄"材料，再普通的材料也会被你"玩活"了，你不会"玩弄"材料，再优秀的材料也可能被你"玩死"了。

谈到最会"玩弄"材料的大师，朱自清当然算一个。几十年来在读者眼中神秘而充满诗意的《荷塘月色》中的"荷塘"，在当时写作时，据说不过只是清华园里一个普通而且时常散发着臭味的荷花池。在朱自清一生的文学创作中，出现了《春》《乞丐》《匆匆》《儿女》《谈抽烟》等一颗又一颗光芒四射的珍珠般耀眼的精品、绝品，这些精品、绝品所采用的材料，都是最平凡、最普通的。

当然最值得一提的是朱自清写父子深情的那一篇《背影》。半个多世纪以来，就是这一篇短小的《背影》，不知透支了一代又一代读者们多少发自肺腑的眼泪。这里面的材料每时每刻都在运用着：买橘子。就是这样一个普通得再也不能普通的材料，为什么能触及人的心灵？因为作者最大限度地开发了它的价值：一个特殊的父亲（行动不便、身力与心力憔悴）在特殊的情况下（祸不单行、家道急剧衰落）为特殊的儿子（早年不敬他，现在已为人父）买橘子时的镜头（艰难地翻爬月台、丑陋而笨拙）。几个"特殊"，使这样一个极朴素的材料，成为一个读过就难以忘怀的背景，读过就难以忘记这种浓浓的亲情。

最大限度地开发和利用材料的价值，我们可以从以下几个方面多尝试一些。

拆解——多要素地提炼材料。每一个材料从生活中取过来，其实都是一个内容小仓库，都蕴含着丰富的内涵。当我们把一个材料拿在手中，认为只要把这个材料写进文章，这就完事了，这是一种肤浅地对待材料的做法。可取的做法是，尽可能拆解材料，把材料中最有用的要素提炼出来，然后在此基础上把各要素同中心进行"连接"，这样材料表现中心时，就不会只是笼统的了，而是材料的要素都在表现着中心。

拿一个最朴素的话题"亲人"来作例子。一个成人写自己得到父亲去世的消息后，千里迢迢回去奔丧，然后以此为材料写成一篇《清明，我为父亲送行》的文章，这看起来很单一，只要把这个过程写清就行了，但是作者并没有局限于此，而是充分发掘"奔丧"这个材料中各个要素对表现中心的作用。如写到"病床上垂危的父亲""街道口自立的父亲""离别时难舍的父亲"以及"试衣服时痛哭的父亲"等，同一个材料中发掘出了这些细节，通过这些生动的细节来共同支撑文章的主题，合理地利用了"奔丧"这个材料。

转换——多角度地审视材料。2000年全国高考语文作文话题是"答案是丰富多彩的"，这个话题很好，其实生活中各种事物的存在就是这样一种哲理，你从不同的角度看就有不同的感受，"横看成峰侧成岭，远近高低各不同"，在构思时，我们强调多角度；现在具体到一个材料，我们还是要提倡多角度。

拿"孟母三迁"这个典故来看，你可以看到"环境对于一个人成长的重要性"，可以看到"母爱是天底下最高尚的爱之一"，也可以看到"教育和引导是成长的重要内容"，还可以看到"外因与内因相结合才是成才的重要保证"，当然更可以看到"伟人的成功都不是一帆风顺的""单亲家庭的孩子一样能成功"等内容。再以话题"失去"为例子，也许你又想到了"母亲离开我们之后"这个"老材料"，但是这一次你可以重新换一个角度：你不再埋怨了，而是从理解和宽容甚至从对"我"成长是一件难得的好事等角度。这样写就远在同类同题材文章之上了。

剖析——多层次地挖掘材料。这提醒我们在对待材料时，要注重挖掘材料的深度。事实上每个材料都隐藏着"事""情""理"等层面，你的作文被评价为"小学生式的作文"，并不一定是说你选材差、语言幼稚等，更多的是说你文章太"浅"了。为什么会给人这种感觉？那主要是说你只是把事给叙述出来了，"情"字没说出来或者说出来的不够，要不就是"理"字没说出来或者说出来的太薄了。所以好文章都得给别人一点"嚼头"，怎样给？就是把"事""情""理"都给写出来。

原来我有一个爱篮球如命的学生，每次作文不管什么话题，总能同"篮球"两个字联系起来，每一次都是老生常谈，就是比赛中最后如何赢了别人，每篇文章都很一般。有一次，以"感悟生活"为话题，我特意讲到了材料挖掘这个问题。结果这位同学这一次虽然还是写"篮球"，但是写的大变样了。因为他从中悟到了"助攻与投篮得分同等重要""享受过程比享受结果也许还重要"等深层的内容，在班上范读后，得到了同学们满堂的掌声。

发散——多方向地充实材料。发散其实是材料的膨胀问题，也就是把材料尽可能充实。这里面也有两个层次：第一个层次是有些基础较差的同学为什么明明手里有了不错的材料，但还是感到"没什么可写呢"，就是把材料"弄死"

了；第二个层次是基础稍好的同学，在对待一个很好的材料时，不是没话说，而是话多了，结果把材料写得浮起来了，虽然说了不少话，就是让人感到空荡荡的，这是把材料"弄飘"了。两种层次的原因都是没有很好地充实材料造成的。充实材料通常要从内向外膨胀材料，从外向内则往往达不到效果。"我想"这个话题，看起来好写吧，但其实可能基础差与基础好的同学都不容易把这个话题写好。

譬如你写"想当一名老师"，前一种人可能写几句就没的写了，后一种人可能海阔天空写不完。到底怎样写？两个字：回答。回答你为什么产生这个念头与产生这个念头的原因是什么。你想到了这一点，再往下想，就是在由内向外"膨胀"材料，这就是发散。不断"回答"下去，你的内容会越写越清楚，主题会越来越明朗——想当老师，实际是因为老师好，老师好就是歌颂老师，这样你的文章就顺利进行下去了。

"毕竟西湖六月中，风光不与四时同。接天莲叶无穷碧，映日荷花别样红"。诗句中其实包含了认识上的多重境界。"西湖六月"是与众不同的六月，当然这里的景色同西湖其他季节的景色更不相同，在话题作文的取材中，可以理解为只有在与众不同的季色才能享受与众不同的景致。"接天莲叶无穷碧"则是形容美景享受不尽。在话题作文的取材中，则可以理解为取材找到了一个合适的境界，那么，好材料是取之不尽的。"映日荷花别样红"则是我们最渴望得到的境界：寻找我们心目中渴望得到的与众不同的景致。在话题作文取材中，这个境界也就是话题取材上的创新与发现。

"若偏要论成功之处，恐怕也就在于'感动'这两个字。"朱自清在自评《背影》材料选择体会时说的这句话，其实向我们揭示：开发与利用材料的最大价值，就是找到你眼中有而别人眼中没有的材料的闪光点。

当材料个个都是"梁山好汉"时
——针对话题作文面对优质材料挤撞时的应对策略艺术谈

> 其实，作文组材过程中，去粗存精容易，而去精存精则是真难题。"一枝独秀""骄龙戏珠""彩云烘月""锦上添花"等，是我们面对多材料挤撞时的四条防撞策略，这些策略对我们作文取材很管用。
>
> ——策略小解：弱水三千饮一瓢

其实作文组材时，去"粗"存"精"容易，而去"精"存"精"则是真难题。

"除却浮云始见山"，按照这句话的指导，看起来我们找到了为文章组织材料的"真谛"了，只要有了这句话的指导，我们就能"紧扣中心的需要进行选材""把最需要的材料选出来，写进文章里""把粗糙的内容从材料堆里去除掉"，实际的情况是，在写作过程中，组材是一件很不容易的事情。也许把"粗"的从"精"的中间挑拣出来难不到你，可是当你面前摆着的材料个个都是"精"的，个个都是"梁山好汉"时，你怎么办呢？——你会发觉"紧扣中心的需要进行选材"此时成了一句空话，你会发现"除却浮云始见山"一点也不管用了。这就是我们在组材时面临的更困难的问题：去"精"存"精"，即当我们面对与中心相关的多个优质材料时，怎么办？先说个例子。

作家魏巍当年确立以"最可爱的人"来表现英勇无畏的志愿军战士时，他首先想到了要表现这个主题，必须要有充分说服力的真实感人的材料。作为随军记者，他冒着生命危险，深入战场的角角落落，搜集了难以统计的真实材料，可以说这些作者亲手一一搜集来的材料个个都是感人肺腑的，每个材料都能从不同的侧面表现"最可爱的人"这个主题，怎么办呢？不能一一都摆进文章中。他于是经过苦思冥想、反复比较，最后保留下来105个"与中心有关"的材料。到动笔时，作者感到材料还是多了，于是又忍痛割爱，删除了85个，只留下20个"怎么也删除不了"（作者原话）的材料。但是作者在写作过程中又删除了15个，只留下5个材料。今天，我们读《谁是最可爱的人》这篇文章时，至今仍觉荡气回肠，里面只有分别从"英雄主义""国际主义"及"爱国主义"三个侧面表现中心的三个事例：松骨峰阻击战，火中救小女孩，防空洞的畅谈。

对于认识正在讨论的话题，这是个好例子。从105篇到3篇，这不只是一个数量上的递减的问题，而且是一个去"精"存"精"、"精"中取"精"的筛选过程。这个过程让我们倍受启发，当我们面对与中心有关的多个优质材料的挤撞时，我们不妨这么办。

"一枝独秀"——目标锁定其中一个，其余再好也狠心冷落。观察过园艺师修剪花木的同学也许有这样的感受：在花朵开放，或是果树挂果的时期，园艺师会把花木上多余的花朵、枝条，甚至是果枝连果一起剪掉，好多情况下，可能都是剩下"一枝独放"或是"一果独存"了，倘若你在现场，你一定会这样感慨：太可惜了，为什么这样做？园艺师的回答定会让人豁然开朗：这叫"保朵""保枝"或"保果"，原来在这个时期就如同人怀孕，花木特别需要营养，为了充分保证少量的花朵、花枝或果实的质量，只好忍痛割爱了。每朵花、每条枝、每个果子都是园艺师的爱物，但是在这样的情况下，园艺师就得有一种特别的情怀——当断则断的情怀。所以我们好多时候作文组材时也得培养这种当断则断的情怀，该放手的时候要放手，该狠心的时候要狠心，须知，"舍"是为了"得"，为了被选中的材料表现中心更突出。作文是一次不折不扣的实践，这次实践必须是想与做的行之有效的结合。

"照片"这个话题，当你想以"反映家是最温暖的港湾"这个主题时，可能许多照片连同故事都进入了你的视线中，就是千挑万选，脑子里还是一大摞。在这种情况下选出一张来可不是容易的事，但是你就得只选出一张来。这张照片虽然只是其中的一张，但是，你只要把与它相关的故事、亲情讲透了，你的这一张就胜过十张、百张了。若是选了五张、八张，你又怎能把与这个照片有关的背后故事说透彻？"一枝"秀不了，可能其他数枝都会一同因为营养不良而蔫了。

　　"骄龙戏珠"——选择有代表性的两三个材料，让多个材料共同表现主题。"珠"是文章的主题，这个"珠"当然最好是越精美越好；"龙"是文章的材料，这个"龙"当然是越骄勇越好。自古以来，我们把"珠"与"龙"扯在一起时，总是讲"二龙戏珠""群龙戏珠"。这给我们话题作文组材的启示：两个或多个优异的材料放在一起，只要运用得当，能更好地表现文章的中心。2002年广州市的中考作文话题是"阅读"，在众多的"阅读"对象或内容中，一位同学以"家人是我一生阅读不够的书"为话题，他把阅读点选了三个角度："阅读妈妈的温柔与慈爱""阅读爸爸的执着与刚强""阅读爷爷的宽厚与博大"，这真是三个非常精致的角度，作者通过这三个角度，在文章里向人娓娓讲述"家人，这本书"这个内涵深刻的话题，你想想，在这样"三足鼎立"之下，文章的主题能不深刻吗？

　　"彩云烘月"——以一个材料为重心，再选其中一两个作为陪衬。其实对任何一个中心的表现而言，一个再优秀的材料，表现起来，也通常会有些遗憾。所以以一个材料为重心，利用其他少量具有同等价值的材料进行适当烘托，这通常被称作"彩云烘月"。这不仅是一个非常可取的办法，而且这种办法常被认为是运用最广泛、材料组合最趋完美的一种科学组材方式。这种方法中，要弄清"彩云"与"月"的关系，这是一个主次关系，"云"虽是"彩"的，但它是陪衬，也正是因为它的"彩"，才使得它能起到良好的陪衬效果，否则就事与愿违。这是取材时就得充分考虑到的。"宽容"这个话题，你要表现的是你的一个朋友对你的宽容，表现他胸怀开阔。那么当只有一个材料可能不足以充分地表现"宽容"时，你另外摘取了两个与表现"宽容"也相关的材料，这三个材料如何处理呢？你把最先取的一个作为了文章的核心材料，这个就得重用笔墨，而另外两个，最好一前一后，略写或稍多写点都行，只要能先点后面，"两个以上为公"体现"朋友真是一个胸怀宽阔的人"这个主题，你的文章就达到目的了。

　　"锦上添花"——材料之间互为关联，彼此与对方构成必要依托。多材料并存，几个材料共同表现中心，也有既不是并存关系，也不是主次关系，而是"锦上添花"关系的。如"失去"这个话题，你可能用失去"时间""诚实"等三个，甚至五个材料来表现"失去才知可贵"，那么每一个新出现的材料，都可能是前一个材料的"锦上添花"，这种情况随笔体较常用；还有另一种"锦上添花"的情况，就是在叙述的过程中，为了表现中心的深刻性，往往在材料中间套用材料（插叙），那么中间插入的材料，就是"锦上之花"了，这种情况记叙体较常用；另外在议论文中最常用，如引用了一个"事例"之后，再以概写的方式群举多个事例，这些事例往往也是"锦上之花"，议论文写作中为了深化议论，事例之上的事例一般都有这种运用效果。"锦上添花"的本质可能是材料叠加、材料嵌入的另一种说法，并不玄妙。

这个话题就要结束的时候，我突然想到小时候读过的后弈射日的故事。当天上出现十个太阳的时候，太阳一下子变成了灾难。后弈不怜惜这些上天的尤物，射下其中的九个，剩下今天挂在我们头上的这最后一个，成了我们人类最离不开的珍宝了。后弈射日的行为其实对我们今天的话题也是一个启发：不要老是认为材料多了就是好事，材料与中心发生了实质性的证明与被证明的关系，材料才是材料，否则，再多的材料，只是一种肤浅的堆积，表现中心也如同贴标签，这种文章有何味道？

"弱水三千，取一瓢饮"，既然"一瓢"就能喝够，"一瓢"即能解渴，多饮暴饮岂不是只有两个结局：一是满嘴只剩下寡淡的水味；二是打水饱嗝把人羞个半死。

结尾，蜜枣品后的唇边余味
——针对话题作文收篇策略艺术谈（上）

"余音绕梁，三日不绝"，其本意是说，某种声音对听者的感染，使听者获得最美的"最后的感觉"。作文的结尾，也是留给读者的"最后的感觉"。只有为读者带来美好感受的结尾，才能算得上是成功的结尾。

——策略小解：余音袅袅三日梁

小时候看过这样一个典故，说的是韩国的一群擅长歌舞的美娥到齐国去，路上没有吃的了，等到了雍门这个地方的时候，便以"鬻歌假食"的方式来充饥。结果她们离开这个地方以后，仍然是余音绕梁，据说三天还不消失，以致周围人认为她们还没有走。这当然是一个有点夸大其词的传说故事。但是有一点对我们肯定有启示，那就是好的东西容易让你产生回味无尽的感觉。拿作文的写作来说，"余音绕梁"就如同一个恰到好处的文章结尾带给人的美好感觉——让人久久挥之不去的一种"最后的感觉"。

好文章的结尾往往就是把最好的"最后的感觉"带给读者，并让它留驻在读者心间。什么样的结尾能给读者这样的感觉？"……这正如地上的路，其实地上本没有路，走的人多了，也便成了路。"鲁迅的《故乡》结尾就是这样写的。

"他转身朝着黑板，拿起一支粉笔，使出全身的力量，写了两个大字：'法兰西万岁！'然后他呆在那儿，头靠着墙壁，话也不说，只向我们做了一个手势：'放学了，——你们走吧。'"都德的《最后一课》的结尾是这样写的。

"信末我留下了这样的签名：你的朋友——从前是个正派人，现在成了小偷、盗尸犯、酒疯子、舞弊分子和讹诈专家的马克·吐温。"马克·吐温的《竞选州长》的结尾是这样写的。

说到这里，我想起一个文坛上广为流传的小故事：法国著名作家大仲马的著名作品《父与子》交到出版商后，出版商答应迅速出版，但是提出了一个小小的请求：希望将小说的结尾换一个词语。没想到大仲马先生一口回绝，他说：你们要知道，我的整篇小说正是为这两个字而写的。那究竟是一个什么样的结尾呢？原来是一直都不明真相的父子二人终于知道二人是一对父子了，于是在小说结束时，声名狼藉的父亲小心翼翼地征求儿子的意见："儿子，这下你终于可以叫我一声爸爸了吧？"儿子回答："是的，叔叔！"出版商要求换掉的一个词语，就是把"叔叔"换成"爸爸"。而大仲马先生所捍卫的，也是这一个力沉千钧的称呼，实际上他捍卫的是小说留给读者最美丽的"最后的感觉"。

怎样才能让我们的文章能在结束时，带给读者最美丽的"最后的感觉"呢？其实，"感觉"可以多种多样，那么结束时的方式更是五彩缤纷：可以以力量型为主，可以以哲理型为主，可以以情感型为主，可以以鼓舞型为主，可以以文采型为主，也可以以朴实型为主，当然更能够以幽默型为主，等等。而至于人们常说的"虎头、猪肚、豹尾"中对于文章结尾的"豹尾"的要求，其实主要是从"有力"二字的角度来说的，而这里的"有力"又是一个内涵较为丰富的说法。以下从几个更形象的角度来谈一下文章结尾"有力"的方式。

"豹尾" ——力量型的结尾， 往往以深刻结束的方式震撼心扉

作家陈大明在他的《崇尚简单》一文中，结尾只用了一句话："崇尚简单，因为我们相信，一切简单、自然的事物都是美的。"其实是卒章显志，非常有力。一位叫张兰允的作者在《选择拒绝》一文的结尾也采取了类似的方式："擦一擦眼睛，认真地选择拒绝，来为时尚意乱情迷。"将"选择拒绝"的主题通过这个结尾表现得铿锵有力。这种方式的结尾往往同文章中心有着紧密的"明现""再现"或"复现"关系，其实是文章的心脏所在地，所以力度较大。同时，这种结尾在以议论为主的文章里也用得较多，作家鲁迅先生数百篇杂文的结尾，大多是以这种强有力的方式来表达他的看法的。

　　这种方式在考场话题作文中也比比皆是，如话题是"换位"，一位同学以《茶杯在上，茶壶在下》为题作文，结尾就直接明旨，非常有力："老师用茶杯与茶壶的换位让我明白茶杯在上是多么愚昧，更让我明白许多时候，我们都需要经常进行换位考虑问题，那样的话，我们会成长、成熟得更快，更明事理。"

　　　　"凤尾"　——文采型的结尾，往往以华丽结束的方式显见功底

　　一篇文章这样结尾："曾有诗人歌颂过消失之美。那种不经意的消失；那种完全"放开手，随它去的"的消失；那种悠悠然、毫不牵恋的消失；那种飞向无穷，飘向无限的消失；让你的灵魂就那样摆脱开一切牵绊，轻轻地浮起，悠悠地远去，毫无重量地幻散，毫不沾惹地消失。生活的烦倦在何处呢？如果你是一朵云。"这个结尾就是一种典型的华丽结束的方式，语言很美，充满诗意。这种方式往往是那些小才子们展露文笔才华的大好时机，因此中考话题作文也是络绎不绝。

　　如话题是"掌声"，一位同学以《掌声》为题作文，结尾风华毕露："从此，掌声鞭策着我穿过雨季，走进阳光，伴着我从小学跨入中学，用热情和汗水浇铸成一次又一次的辉煌。而今天，当这雷鸣般的掌声又为我喝彩的时候，那次掌声便又萦绕在我的心头。于是我真的想高喊一声：谢谢你的掌声，在我成长的路上为我勾画出了一道亮丽的风景线！"

　　　　"兔尾"　——哲理型的结尾，往往以内含结束的方式引发深思

　　一篇文章这样结尾："把微笑还给昨天，把孤单还给自己。让懂的人懂，让不懂的人不懂；让世界是世界，我甘心是我的茧。"语言极富哲理，表达了宁愿在孤独中奋斗，宁愿在不被人理解的环境中奋斗，宁愿像一只蚕茧一样奋斗的心声。初中教材曾选过一篇莫怀戚写的《散步》，结尾也充满哲理："……但我和妻子都是慢慢地，稳稳地，走得很仔细，好像我背上的同她背上的加起来，就是整个世界。"中年人肩负承前启后人生重任的生活哲理包含在字里行间，让

人感慨很深。

虽然在中考作文中初中生大多以记叙为主，虽然他们年龄并不成熟，但是结尾写得耐人深思的例子，还是有不少的。如话题是"发现"，一个同学以《我发现生活只有今天》为题作文，结尾就是一句充满哲理的话："我终于发现了一个简单的哲学真理：生活只有今天。"虽然仅有一句话，但是既切话题，又明中心，而且耐人寻味。

结尾，蜜枣品后的唇边余味

——针对话题作文收篇策略艺术谈（下）

　　"余音绕梁，三日不绝"，其本意是说，某种声音对听者的感染，使听者获得最美的"最后的感觉"。作文的结尾，也是留给读者的"最后的感觉"。只有为读者带来美好感受的结尾，才能算得上是成功的结尾。

——策略小解：余音袅袅三日梁

"羊尾" ——情感型的结尾， 往往以感人结束的方式催唤挚情

　　朱自清在他的著名散文《背影》中这样结尾："我北来后，他写了一封信给我，信中说道：'我身体平安，惟膀子疼痛利害，举箸提笔，诸多不便，大约大去之期不远矣。'我读到此处，在晶莹的泪光中，又看见那肥胖的、青布棉袍黑布马褂的背影。唉！我不知何时再能与他相见！"这就是一个典型的情感型的结尾，一股深沉而挚诚的对父亲的情感溢于话语之中，读来让人感动之情亦会油然而生。在考场话题作文中，这种结尾方式也比较常见，如话题是"回报"，一位考生以《爱之回报》为题，结尾也采用了这样的方式："这是我第一次看到刚强的父亲流泪，我也哭了，这时我最想说的是：'爸，这是你应该得到的回报！可是我的喉咙哽住了，没有说出来……'"这个结尾感情就非常浓郁，感染力很强。

"犬尾" ——幽默型的结尾， 往往以生动的方式送来反省

著名作家邓刚在《你喜欢钱吗?》一文的结尾时，为了五元钱而执着地为读者寄书的行为辩解，写道："你也许说我说的不对，但我觉得我说的很对。"就是以"犟嘴"的方式结尾，很幽默。幽默往往与讽刺为伍，如前面说到的《竞选州长》一文中以"罗列罪名为落款"的巧妙方式，幽默效果很好，讽刺效果非常到位。这种结尾方式在中考考场话题作文中也不少。

如话题是"换位"，一位同学以《QQ 城的风波》为题写了一篇超现实的作文，文章结尾以幽默的方式表达了中学生对"代沟"现象的看法："一个月过去了，国王下令恢复原状。果然，这一命令收到了奇特的效果。这个城里的孩子们都变得十分尊敬父母了，而这个城里的父母们，也不再动不动就打骂孩子们了。父母与子女之间，从此生活在其乐融融的氛围中。"

"牛尾" ——朴素型的结尾， 往往以质朴结束的方式传递真诚

这是一种较常见的结尾方式，往往无论是语言文采方面、语言力度方面、内含方面都比较温和，用比较自然的方式来结束行文。其实越是朴素的东西越具有表现力，所以，不可小看和忽视这种方式。这种结尾方式在中考中出现的频率也是非常高的。

如话题是"梦"，一位同学以《梦》为题作文，她以朴素的语言叙述了她生活在一个父母时常闹矛盾，对女儿的成长欠缺关心的家庭中，文章这样结尾："到了家，爸爸妈妈的眼神告诉了她，他们期待的是什么。她默默地把录取通知书递给他们，一句话也没有说。回到自己的屋里，看着一叠叠画着图案的试卷，她静静地哭了……"

"象尾"——鼓舞型的结尾，往往以激励结束的方式饱含鞭策

一位叫吕林的作者在一篇题为《拉网的时候》的文中这样结尾："在生活的海洋里，我们每个人都好比是渔夫，每天都在劳动，都在撒网。无疑，撒网就是播种希望，但拉网不一定都有收获。所以，当我们拉网的时候：网轻，我们不心灰意冷；网重，我们不欣喜若狂！请相信，只要使劲拉网，就能得到生活的最高奖赏！"这个结尾就是一种典型的鼓舞型结束的方式，鼓动性很强，催人奋进。这种结尾的方式在近年的话题作文也层出不穷。

如话题是"成长"，一位同学以《成才靠父母吗？》为题，完成了一篇相当出色的议论文，结尾充满号召力，极能鼓励同学们靠自己的力量刻苦拼搏："'成才靠父母'，其实是一种逃避奋斗的托词。我们只有正确对待成才问题，排除一切侥幸心理，靠踏实苦干，靠不懈努力，靠勤奋学习，那么成人成才才不会是一句空话。"

"猫尾"——浪漫型的结尾，往往以俏皮结束的方式赐予温馨

文章是艺术，所以自然少不了浪漫，而浪漫是每个读者都不能拒绝接受的。作家梁琴在《在你心灵的一角》一文中，表现自己对童年时代美好生活的无限回味，结尾就非常浪漫："呆呆地看塔，心里凉凉的/从那一刻起，你突然发现自己长大了/暮鸦飞进了塔，你也回家了/在你心灵的一角，有个地方，世尘是无法闯进去的……/倘若你进去了，你就知道，那个地方叫童年。"诗的语言，浪漫的笔触带给人的是俏皮与温馨，也许还有一些可爱。浪漫可人的结尾方式在中考话题作文中也比比皆是。

如话题是"感受生活"，一个同学以《感受生活之美》为题作文，主要内容是描述自己在病房里的感受。结尾在浪漫中传递着对"生活之美"的感动之情："我突然感到双眼中有热乎乎的东西要流淌下来，我赶紧把脸偏向外面。这时我看到，栀子花已经在不经意间开始飘落了，我知道，就在这不经意中，我早已

被生活之美深深感动了，因为：栀子花瓣在飞，我的眼泪也——在——飞！"

唐宋八大家之一的苏轼，曾在他的《前赤壁赋》中说了一个与"余音绕梁"类似的传说："客有吹洞箫者，倚歌而和之。其声呜呜然，如怨如慕，如泣如诉；余音袅袅，不绝如缕。"我想"余音绕梁"也好，"余音袅袅"也好，说法虽不同，但意思却相同，即让人产生回味无尽的美好享受。事实上，"余音绕梁"中的美娥们动听的歌声，"余音袅袅"中荡气回肠的洞箫之声，都不可能长期停留在时空中，只不过是听者的一种感受。但是听者为何会产生这种奇异的感受呢？答案很简单：人们的内心世界被悦耳的声音打动了，而且打动得很深，很深。事实上，文字也有这种奇特的效果。尤其是当一篇文章就要结束时，往往更能从内心深处去打动人，而做到这一点，并不是很难。

力量型的结尾能让人如聆洪钟，哲理型的结尾能让人如饮甘醇，情感型的结尾能让人如跌巨澜，鼓舞型的结尾能让人如驭良驹，文采型的结尾能让人如睹华锦，朴素型的结尾通常让人如分别时携手相谈，浪漫型的结尾则是分别时俏皮的一逗……结尾往往是圆局、浓情、至理所在，读者的目光每至结束，也会产生更强烈的期待感，让我们为一个恰到好处的文章结尾而尝试设计吧！

解开作文"写真实"的锁链

——针对话题作文取材中的虚实辩证关系谈

写真实,是学生作文的基本要求。但是由于理解的偏差,它很大程度地束缚了我们对作文素材的选取。其实写真实,既包括真实素材的写作,也包括真情实感的写作,更包括经过艺术加工或创造后,带给人生活真实感的写作。

——策略小解:真作假时假亦真

当语文教师这些年来,有一个问题一直困扰着我,怎样回答同学们对"作文要写真实"的疑问。自然,这个问题真正困扰的其实不是我,而是同学们,因为每逢作文的时候,他们都在这个绳索的捆绑下受折磨:写真实的吧,写不出来,因为实在没有那么多的东西可写;自己凭空编造吧,又总感到良心过不去。有一个作文写得很好的男同学,每次作文时,一边抓耳挠腮,一边总要问我一个同样的问题:老师,为什么一定要写真实的事啊?实在是难受啊!其实我知道,这位学生说的是实话:那些听话的好学生虽然"听话",只顾写,但最后交上来的,往往一看就知道是"胡编"的。

那么,中学生作文,究竟如何做到"写真实",尤其是在话题作文开放的命题形式下,如何在放飞笔触的同时又能逃避作文落入"虚假"的境地呢?今天我想重新引导大家认识作文中"写真实"的问题。

1. "写真实"并不等于"写真的"

事实上,关于作文"写真实"的问题,我想是许多人误解、偏解了。

不错，"真实"有"真正的""实实在在的"的意思在里面，因此，作文就应该写你亲身经历、亲眼所见、亲耳所闻的真正发生或正在发生的事，写生活中实实在在的东西。那这样要求的话，中学生作文就真的是惨了。你想，一个主要活动空间都在家中、学校中、教室中，而多数时间又只是在读书、吃饭和睡觉的孩子，他们大脑里哪有那么多"真"东西可写？再说现在的学生生活的半径其实是越来越窄了，尤其是那些生活在现代大都市的学生，学校封闭管理，上学放学有校车接送，一回家就躲进了几十层大厦里的"鸽子笼"里，他们哪里有那么多的所见、所闻。这样的话，作文时怎么可以轻松？又怎么可以写出好作文？所以，他们想写作文爱写作文才怪呢！

从老师的角度，我都感到了我们理解上的偏差，这实在是在为难学生。"偏差"在哪儿？其实"写真实"里面包含三层基本意思：第一层即"真实素材"，就是作文尽可能去展现生活中的真人真事，去抒写耳闻目睹的事，把这些素材写在自己的作文中，这里的"真"才是"真的"，"实"才是"实的"，这叫"真实作文"；第二层即"真情实感"，就是作文要用"心"去写，把自己对生活的认识、情感等真实地表现在文章中，这里的"真"是"真心"，"实"，就是"朴实"，这叫"真心作文"；第三层即"真实印象"，就是你的作文要带来或留给你的读者以"真实"的感觉，也就是说，我们可以对生活进行有必要地加工、改造、补充或虚构等，但最终你要给别人一个"真"印象，这里的"真"就是"逼真"，"实"就是"完美"，这也叫"真感作文"（对作文的印象）。

这样来理解"写真实"的话，我们的眼前就豁然多了。但是以往我们的手脚总是被拴在了用"真实素材"来"真实作文"这个层面上了，所以作文就变成一件痛苦的事了。《语文课程标准（实验）》已经不再提中学生作文"要真实"的绝对意思，而是在"写作"部分的第二条这样规定：写作要感情真挚，力求表达自己对自然、社会、人生的独特感受和真切体验。这里面有两个"真"，一个是"感情真挚"，一个是"真切体验"，都不再绝对要求用"真实素材"来"真实作文"了。

话说回来，对中学生作文来说，在同等条件下，如果对一个话题有可用的真实素材，能够"真实作文"，那是再好不过的事情，往往也流淌出考场作文最能打动人的"真情实感"。

如 2003 年的中考语文作文中，其中一位获得满分的同学在接受采访时告诉大家，她虽然各科都较好，但是对作文还感到相对担忧，平时班上许多同学的作文都比自己好。可是中考前的一场急性肠胃炎让她因祸得福了，以致最终成就了中考语文作文中的这篇佳作。考试前两天，她突然患上急性肠胃炎，吐得喉咙出血，头痛欲裂。"那一夜，父母和 77 岁的奶奶都没有睡，围前围后照顾我，后来，伯伯一家和我的同学都打来电话问候我。第二天我拿着一包东西回学校时，许多同学都来帮我拿东西。那两天，我非常深刻地感受到了亲人、朋友之间的那种爱，原来它们一直存在，只不过以前我没有注意到而已。"所以当她看到试卷上"留下"的话题时，一下触发了灵感："还有什么能比爱更值得留下呢？"于是她的这篇题为《木樨留香》的满分作文就这样诞生了。

"我只不过在文章里记叙了我身上发生的最真实的事，只不过在文章中说了自己心里最想说的话而已，我的幸运就是两个字：真实。"

2."虚构"与"虚假"是两码事

有一次，我在课堂上正准备让同学们写作文的时候，有个同学问：老师，到底能不能虚构？一位嘴快的同学抢在我前面回答：当然不行，虚构的都是假的。这个回答在当时真是难住了我。第二天我对学生们说：可以虚构，虚构同虚假不是一回事。

认识这个问题，我们先要认识到这样一点：虚构，也是学生作文的权利。为什么这样说？因为学生作文的目的至少有四个：一是表现对生活的认识；二是培养语文式的思维方式；三是训练语言表达能力；四是培植审美情趣。所以学生作文不是把学生培养成机械的生活记录机器，而是要我们去艺术地、审美地表现生活，不能刻板和照搬，而生活自身是刻板的、残缺的，需要加工，我们不可能把原本的生活原样"搬"到作文中。就拿前面所举的满分作文来说，即使是真实的事件，但是谁能说在写作过程中没有一些稍微加工、完善的呢？而哪怕有一丝，这篇作文中就有了虚构的成分。我们敢这样说，世界上没有任何一篇文章是没有经过虚构加工的，要不然，那不叫作品，而只能是"字表"了。所以我们理解的"虚构"是根据需要，合理地对素材进行完善加工。这个过程，谁都可以做，学生作文也允许这样做，这是我们应有的权利。

"虚构"与"虚假"是两码事。其实有两个"虚构"：一个是生活中所说的"虚构"，它与"虚假"是一个意思，就是"假的"；另一个是艺术中的"虚构"，它是一种十分重要的文学及艺术创作手段。大家为什么谈"虚构"而色变？就是因为概念上的混淆，一说"虚构"就被扯到"虚假"上去了。而无论是生活还是作文，谁都不喜欢被指"假"，因为"假"就是撒谎、不真实，甚至会带来"虚伪""不诚实"等一系列的误解，到这一地步，搁谁都好受不了。作文的"虚构"是艺术中的"虚构"。这里的"虚构"与"虚假"虽然都有"虚"的意思，但落脚点不一样：一个是"构"——艺术地、以审美为目的地创造，一个是"假"——无稽地、以掩人耳目地瞎编。

2001 年高考全国卷作文话题是"诚信"，有两篇满分作文反响很大：一篇是《赤兔之死》，一篇《患者吴成信的就诊报告》。这两篇文章都采用了不仅是虚构，而且是极度夸张的虚构手法。如第一篇是借三国历史故事中的关公之死这个故事，以关公座骑"赤兔马"为"主人翁"，把动物当人来写，结果深刻地揭示出"动物尚知守诚信，况人乎"的主题。你说这是真实的吗？关公本就是一个传奇色彩极浓的历史人物，再加上他的死，本身就只是一个传说而已，更何况"赤兔马"的来历更是无可证实，而文章中"马"还竟然能有人为、人情、人性，这能不是"虚构"吗？可是你又能说是"虚假"吗？至于第二篇，连"吴成信"的名字都是"无诚信"的谐音，更何况文章里的素材全建立在"虚构"之上，但你能指责这是"虚假"的吗？

在中考作文中，这种情况也比比皆是。如 2003 年某地的中考作文中，话题是"我想"，一位同学以《我想哭——残疾儿童侯德伽致爱世界爱和平人们的一封信》为题作文，获得高分，里面就虚构了伊拉克战争中一位残疾儿童的经历，控诉了战争给儿童肉体与心灵带来的极大创伤，选题、立意都超乎想象，你说这是虚假的吗？所以，在作文中，"虚构"与"虚假"要区分开，能给人带来享受，能艺术地表现生活的虚构，不仅不会让人有"虚假"的感觉，反而更能让人相信它的真实。当然，我们坚决反对"虚假"，因为"虚假"就是欺骗读者，就是歪曲地表现生活。

3. 真情，就是文章最大的"真实"

今天，我们讨论作文"写真实"的问题，目的不是要我们作文时抛弃"真实"二字，而是希望帮助大家从此摆脱一条烙着"真"字的锁链。话题作文为我们带来了更大的作文空间，送给了我们飞翔的翅膀，该开放的都开放了，可是"素材"的铁锁链仍然紧紧地绑在我们的身上，那我们还是空有一片大林子、大空间，还是飞不高、飞不远。怎样在今后的作文中彻底解开这个锁链，并远远地抛开它，我想送给大家三句话：

第一句话是，无论在什么情况下，用心来作文。作文用眼睛，那只是一台摄像机；作文用手和笔，那只是一个记录器；只有用心作文，才是能给人"真实"感的作文。第二句话是，无论遇到什么样的话题，用真情去作文。相信这样一句话：真情的作文，假的也像真的；无真情的作文，真的也像假的。第三句话是，无论运用何种方式，合理地作文。合理性，就是合情合理，这是读者判断"真实"与"虚假"的重要标准。合理的作文，不管是取自真实的生活，或是加工于真实的生活，还是远高于生活之上的艺术创造，都不仅不会给人送去"虚假"，反而会打动人、感动人。

只有彻底解开了"写真实"的锁链，我们才能真正享受到在话题作文开放的林子和天空中，自由自在飞翔的乐趣。